陈式太极

全民健身项目指导用书

孙喜和◎主编

吉林出版集团股份有限公司　全国百佳图书出版单位

图书在版编目（CIP）数据

陈式太极 / 孙喜和主编. -- 2 版. -- 长春：吉林
出版集团股份有限公司, 2010.2（2024.8 重印）
　　全民健身项目指导用书
　　ISBN 978-7-5463-2362-6

　　Ⅰ. ①陈… Ⅱ. ①孙… Ⅲ. ①太极拳 – 基本知识
Ⅳ. ①G852.11

中国版本图书馆 CIP 数据核字(2010)第 028362 号

全民健身项目指导用书

陈式太极

CHENSHI TAIJI

主　　编	孙喜和
责任编辑	李　娇
封面设计	吕宜昌
开　　本	650mm×960mm　1/16
印　　张	8
字　　数	60 千
版　　次	2010 年 2 月第 2 版
印　　次	2024 年 8 月第 4 次印刷
出版发行	吉林出版集团股份有限公司
地　　址	吉林省长春市福祉大路 5788 号
邮　　编	130000
电　　话	0431-81629968
电子邮箱	11915286@qq.com
印　　刷	三河市金兆印刷装订有限公司
书　　号	ISBN 978-7-5463-2362-6　　定　　价　39.80元

序言

自 1995 年我国政府推出《全民健身计划纲要》以来，我国群众性体育活动蓬勃发展，取得了显著的成绩。2008 年，举世瞩目的北京奥运会的成功举办，极大地激发了亿万人民群众的体育热情，增强了全社会的体育意识，营造了浓厚的全民健身氛围。面对这样的可喜局面，群众体育科研、教学工作者应义不容辞地为社会实践服务，从不同角度思考，如何使普通百姓通过简而易行的身体锻炼方式、方法和手段达到良好的健身效果，达到拥有健康的目标，从而享受生活、享受快乐人生。该书系就是在这样的思想指导下诞生的。

本书系能够顺应国家体育的大政方针，掌握时代脉搏，对指导大众健身，使大众掌握健身方法和手段有很好的促进作用。

本书系图文并茂，实用性强，分为球类运动、体操健身运动、传统武术、冰雪运动、水上运动、体育舞蹈、休闲运动、格斗运动、民间体育活动和极限运动等十大类项目，计 100 分册，按照统一的体例，力争有所创新。每册的具体内容为该项目的起源与发展、运动保健、基本技术、运动技巧、比赛规则等,使读者在学习过程中,不仅能够学会运动健身的方法,同时还能够学到保健方面的基本知识。

　　经国务院批准,自 2009 年起,将每年的 8 月 8 日定为"全民健身日"。《全民健身项目指导用书》的出版,必将为开展全民健身活动起到积极的推动和指导作用。

目录 CONTENTS

目录 CONTENTS

第一章 概述

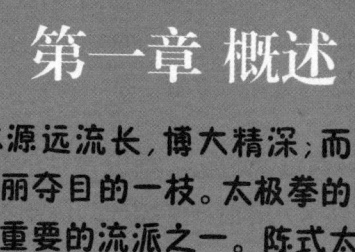

　　中华武术源远流长,博大精深;而太极拳则是中华武苑中最绚丽夺目的一枝。太极拳的流派众多,陈式太极就是其中重要的流派之一。陈式太极在长期的发展过程中,不断地被充实和完善,堪称中华民族体育文化之瑰宝,中华武林之绝学。这项有着广泛群众基础的体育项目,现已传至世界五大洲 150 多个国家和地区,成为一项世界性的体育健身运动。

第一节
起源与发展

陈式太极是中国传统武术的一种，具有悠久的历史。如今，这项运动不仅风靡全国，还吸引着很多国外练习者投身其中。

概述

 **起源**

陈式太极的起源一直众说纷纭。可以肯定的是，河南温县陈家沟世传太极拳，其拳法取法太极阴阳开合之理，运刚柔化发之劲。究其根源，可追溯到 600 多年前。

陈氏族人世居山西洪洞县之时便习练长拳，在明朝洪武七年（1374 年）迁居温县后，由始祖陈卜以阴阳开合之理，研究拳法，并授与子孙习练。经世代相传至陈王庭（约 1509 年），他依据祖传之一百单八式长拳，博采众家精华，结合易学上有关的阴阳五行之理，并参考传统中医学中有关经络学说和导引、吐纳之术，发明创造出了一套具有阴阳相合、刚柔相济特点的新拳术，包括太极拳五路、炮捶一路、双人推手和刀、枪、棍、剑、锏、双人粘枪等器械套路。

陈氏世代相传之太极拳，原有七套，传至陈氏第十四世陈长兴、陈有本时，陈式太极由博而约，专练头套十三式和炮捶两套。所以，现在的陈式太极仅为两套。

 **发展**

随着陈式太极的不断发展，逐步走上规范化道路，并成为全民健身运动的有机组成部分。

传播

1927年，国民政府迁都南京，许禹生托人从陈家沟聘请了陈氏后人陈绩甫在体育学校教授陈式太极。

1928年，一代宗师陈发科从河南的陈家沟来到北京，从此开始了他在北京30年的授拳生涯。陈式太极的真正面貌逐渐为外界所认识。

1953年，陈发科与名拳师胡耀贞共同创办了"首都武术研究社"，这是中国历史上仅有的以首都命名的武术研究社。该社的成立为陈式太极的传播奠定了良好基础。

1953年11月，陈发科在天津举行的全国民族形式体育表演及竞赛大会上演练陈式太极，这是陈式太极首次在全国性集会上展示。

1958年，人民体育出版社开始组织专家编写《陈式太极拳》一书。该书于1963年12月在北京出版，1988年被收入《太极拳全书》。

1983年4月，以北京陈式太极第二代传人为主体的"北京市陈式太极拳研究会"及13个辅导站成立，使得陈式太极在北京得到空前的发展。

1995年6月，《全民健身计划纲要》颁布，太极拳成为练习人数最多的一项健身运动。

2000年，国际武术联合会将每年的5月定为"世界太极拳月"，得到各成员国家和地区的热烈响应，掀起了世界性的习练太极拳热潮。

发展趋势

陈式太极简单易学，风格独特，老少皆宜，具有广泛的群众基础。长期练习，可以提高身体的协调性、灵敏性和柔韧性，有助于身体各部位的均衡发展，还能改善神经系统机能，对心血管系统的发展有良好的促进作用。

随着我国经济的持续发展，人民生活水平的不断提高，健康已经成为人们追求高质量、高品质生活所最关心的问题。尤其是在《全民健身计划纲要》实施以来，全民健身运动在全国范围内蓬勃发展，具有中

国特色的全民健身体系的框架已经初步形成，越来越多的人重视并参与到健身运动中来。陈式太极以其独特的魅力，已经发展成为全民健身运动中不可缺少的重要组成部分，受到了越来越多的健身爱好者的喜爱。

陈式太极对场地和装备的要求并不高，但是高质量的场地是运动顺利开展的前提，而良好的装备则是练习者发挥较高水平的必要保证。

初学者最好在体育馆或武馆内的正规场地进行练习，练习时要遵循循序渐进的原则，以减少运动损伤。

规格 见图 1-2-1

（1）正规比赛单练和对练项目的场地为长 14 米，宽 8 米。

（2）集体项目的场地为长 16米，宽 14 米。

（3）场地四周内沿应标明 5 厘米宽的边线，周围至少有 2 米宽的安全区（集体项目场地周围至少有 1 米宽的安全区）。

设施

比赛场地应铺设地毯，以防止运动损伤。

图 1-2-1

要求

（1）比赛场地上空，从地面量起至少应有 8 米的无障碍空间。

（2）如设两个以上比赛场地，两场地之间应有 6 米以上的距离。

练习太极拳时最好穿专业的武术服和武术鞋，这样既有利于动作的练习和美感，同时又可避免不必要的运动损伤。

 **服装** 见图 1-2-2

（1）女子为中式半开小褂（长袖或短袖自定），5 对中式直祥。

（2）男子为中式对襟小褂（长袖或短袖自定），7 对中式直祥。

（3）灯笼袖，袖口处加两对中式直祥。

（4）上衣长度不得超过本人直臂下垂时的小指指端。

（5）中式裤，西式腰，立裆要适宜。

 **鞋** 见图 1-2-3

比赛和表演中常见的是以羊皮或帆布制面、软胶制底的武术表演专用鞋，这种鞋既舒服又美观。

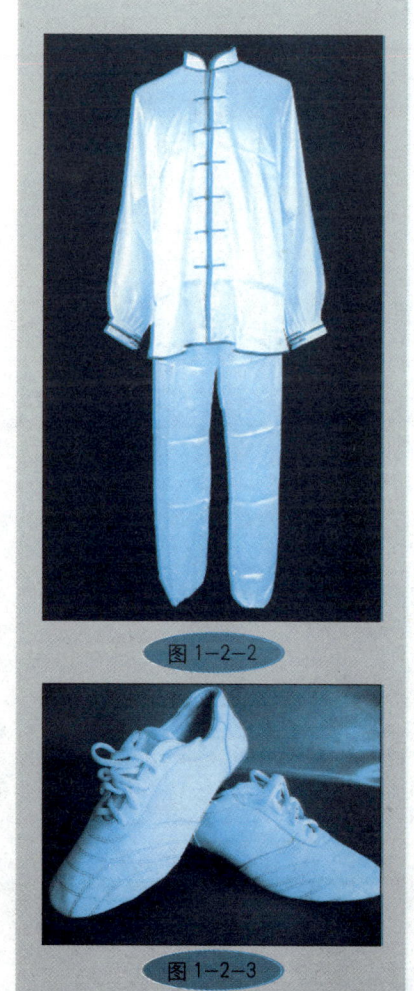

图 1-2-2

图 1-2-3

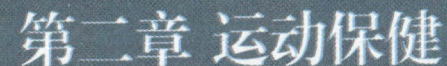

第二章 运动保健

　　体育运动对增强体质、预防疾病和促进健康具有良好的作用。但是,并非所有人从事相同的运动都会达到同样的效果。对于同一种运动负荷,不同人机体的反应差异是很大的,即使同一个体,在不同时期、不同机能状态下,对同一负荷的反应及效果也是不一样的。因此,对于不同个体,应制定适合其机能需要的运动强度、时间、频率和持续周期。从事体育锻炼一定要讲究科学性,使机体最大限度地获得运动价值,使某些疾病得到有效的防治。

第一节

自我身体评价

自我身体评价是指根据个体的不同情况以及简单的功能评定标准，对锻炼者进行身体评价，并以此为依据，确定具体的锻炼内容。

 适宜人群

体适能是全身适应性的一部分，是人体精神和体力对现代生活的适应能力。为了促进健康，预防疾病，提高生活质量和工作学习效率，几乎所有人都可以追求健康体适能，而且经过简单的评价和测试，均可以成为目标人群，即适宜人群。

 健康体适能评价标准

健康体适能是指身体有足够的活力和精力处理日常事务，而不会感到过度疲劳，并且还有足够的精力去享受休闲活动和应对突发事件。

健康体适能是确定锻炼者是否为运动适宜人群的主要依据。目前的评价标准主要包括国民体质测定标准、学生体质测定标准和普通人群体育锻炼标准等。

国民体质测定标准主要包括形态指标、机能指标和素质指标3个部分，各项指标的测定结果均为1～5分，共5个级别。凡各项指标达不到4分或5分者，均应被纳入健身人群。

学生体质测定标准分为优秀、良好、及格和不及格4个级别。优秀水平以下者，均应被纳入健身人群。

普通人群体育锻炼标准分为5个级别，凡达不到4分或5分者，均应被纳入健身人群。

简易运动功能评定

简易运动功能评定的目的在于确定锻炼者有无运动禁忌症或临时运动禁忌的情况，即是否适合参加体育锻炼，以达到防备万一、避免意外事故发生的目的。目前通行的方式为 3 分钟踏台阶测试。

目的

测试锻炼者运动后心率恢复的情况，以评估其心肺功能。

器材　见图 2-1-1

30 厘米高的长凳、节拍器、秒表和时钟。

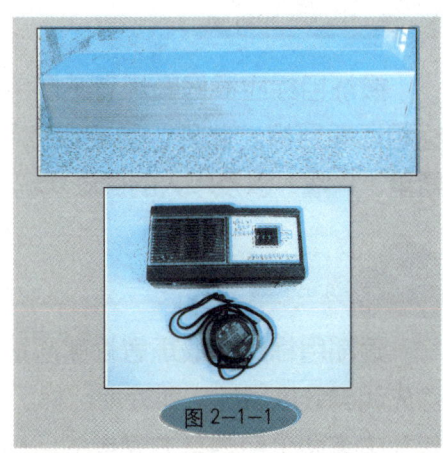

图 2-1-1

步骤　见表 2-1-1

（1）节拍器设定为每分钟 96 次，锻炼者依"上上下下"的节拍运动 3 分钟。

（2）锻炼者完成 3 分钟踏台阶后，5 秒钟内开始测量其脉搏，时间为 1 分钟，记录其心率，并依据下表评价其功能水平。

（3）运动后心率越低，证明其心肺功能越好。在运动强度允许的范围内，锻炼者可选择运动强度的较高值来进行运动。

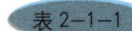 表 2-1-1　3 分钟踏台阶测试评价表

	年龄（岁）	欠佳（次）	尚可（次）	一般（次）	良好（次）	优异（次）
男士	18~25	>115	105~114	98~104	89~97	<88
	26~35	>117	107~116	98~106	89~97	<88
	36~45	>119	112~118	103~111	95~102	<94
	46~55	>122	116~121	104~115	97~103	<96
	56~65	>119	112~118	102~111	98~101	<97
	65+	>120	114~119	103~113	96~102	<95
女士	18~25	>125	117~124	107~116	98~106	<97
	26~35	>128	119~127	111~118	98~110	<97
	36~45	>128	118~127	110~117	102~109	<101
	46~55	>127	121~126	114~120	103~113	<102
	56~65	>128	118~127	112~117	104~111	<103
	65+	>128	122~127	115~121	101~114	<100

自我身体评价

 **注意事项**

如锻炼者经过努力仍无法达标，或出现头晕、胸闷、出冷汗等症状，应立即终止测试。运动中应特别考虑运动强度，以防止出现意外。

 **锻炼目标**

锻炼目标应根据锻炼者不同的身体状况来确定，可分为近期目标和远期目标。此外，确定锻炼目标还应结合锻炼者的运动意向、愿望、兴趣，以及本人的健康状况、疾病程度等因素来进行。

 **近期目标**

近期目标是指锻炼者近期应达到的目标。在进行运动之前，应首先明确锻炼目标，即近期目标。选择一两个健康体适能构成要素，作为未来两个月内努力完成的目标，而且应从成功概率较高的构成要素开始，并将预期两个月后要达到的目标做上记号，如提高某个或某些关节的活动幅度，增强某个肌肉群的力量等。

 **远期目标**

远期目标是指锻炼者最终要达到的目标。实践证明，经过科学合理的锻炼后，锻炼者是可以达到一般的远期目标的，如提高心肺功能，使其达到优秀的等级，或达到降血脂、防治高血压和冠心病的目的等。

 **运动负荷**

运动负荷即运动量。怎样控制运动量，合适的运动时间是多少等，一直是人们争论不休的问题。但有一点是可以肯定的，那就是任何有关身体活动的意见和建议，都需要综合考虑锻炼者的身体状况和所要达到的目标，并以此为依据来制订科学的身体锻炼计划。

运动强度

在运动过程中，运动强度过小，则无法达到锻炼的效果；运动强度过大，不仅达不到最佳的锻炼效果，还可能产生一些副作用，甚至出现意外事故。确定运动强度有两种方法，即心率简易推测法和主观感觉疲劳分级表推测法。

心率简易推测法

（1）年龄在 20 岁左右的年轻人，身体健康，能坚持体育锻炼，欲进一步提高身体机能，可取最大心率值（最大心率值 =220－年龄）的 65％～85％。

（2）年龄在 45 岁以下，身体基本健康，有运动习惯者，开始进行健身锻炼，可取最大心率值的 65％～80％，没有运动习惯者，开始进行健身锻炼，可取最大心率值的 60％～75％。

（3）年龄在 45 岁以上，身体基本健康，有运动习惯者，开始进行健身锻炼，可取最大心率值的 60％～75％，没有运动习惯者，建议根据自身情况咨询专业人员来指导和确定运动强度。

主观感觉疲劳分级表推测法 　见表 2-1-2

运动的疲劳程度大致分为 10 级,具体为:0～1 级,没感觉;2～3 级,尚轻松;4～5 级,稍累;6～7 级,累;8～9 级,很累;10 级,精疲力竭。因此,健身锻炼的运动强度应控制在主观感觉疲劳程度的 4～7 级。

 表 2-1-2　　主观感觉疲劳分级表

0 没感觉	·	2 尚轻松	·	4 稍累	·	6 累	·	8 很累	·	10 精疲力竭

运动频率

运动频率是指每日及每周锻炼的次数。一般每周锻炼 3～4 次，即隔日锻炼 1 次即可。有充足的休息时间，可使机体得到充分的休息，收到更好的锻炼效果。

运动持续时间

运动强度和运动持续时间，决定了一次锻炼的运动量和热量消耗。运动持续时间与运动强度成反比，运动强度大，运动持续时间可相应缩短，运动强度小，则运动持续时间应相应延长。

一般的健身锻炼，运动持续时间以每天 20～60 分钟为宜，其中包括准备活动时间、健身锻炼时间和整理活动时间。每次健身锻炼应在 20 分钟以上，锻炼可一次性完成，也可分段进行，但每段的活动时间应在 10 分钟以上。

第二节

运动价值

运动价值是人们一直在探讨的问题。一般认为，运动具有两方面的价值，即健身价值和心理价值。身体和精神的健康是相互依存的，伴随着身体功能的改善，精神状况也能同时得到改善。

健身价值

健身价值在于提高体适能。体适能包括心肺耐力素质、肌肉力量素质、柔韧性素质和身体成分等。体适能的发展是积极从事锻炼的结果，只有规律性的体育锻炼才能达到最佳的体适能。

提高心肺耐力素质

心肺耐力是指全身肌肉进行长时间运动的持久能力，是体内心肺系统对身体各细胞的供氧能力。人体的心脏、肺、血管、血液等组织的功能是心肺耐力的基础，它们与氧气和营养物质的输送以及代谢物的清除有关。健全的心肺功能是健康的基本保证。

系统的体育锻炼，可以使心肌增厚，收缩力加强，心室容积增大，从而使心脏的泵血功能增强，表现为心血输出量增加。

系统的体育锻炼，呼吸系统机能也将得到提高，表现为呼吸肌的力量增强，肺活量、肺通气量明显增加，保证对机体供氧的能力。

系统的体育锻炼，可以促进血管系统的形态、机能和调节能力产生良好的适应力，从而提高机体的工作能力。

系统的体育锻炼，可以使血液系统产生某些适应性变化，如血容量增加、血黏度下降、红细胞膜弹性增强和红细胞变形能力增强等。

提高肌肉力量素质

肌肉力量是指肌肉最大收缩产生的对抗阻力或负荷的能力。肌肉力量只有达到一定的程度，才能克服外界阻力，而克服外界阻力是维持日常生活自理、从事各种劳动和运动的必要前提。

系统的体育锻炼，可以提高肌肉的生理横断面积，可以改善神经系统对肌肉收缩的支配功能，还可以提高肌肉内代谢物质的储备量，使肌肉力量得到提高。

提高柔韧性素质

柔韧性是指人体各关节的活动幅度，即关节的肌肉、肌腱和韧带等软组织的伸展能力。柔韧性对于保证正常生活质量、维持正常体态、预防损伤发生和减轻损伤程度等方面均起到至关重要的作用。

系统的体育锻炼，还可以延缓因年龄因素而导致的柔韧性下降，预防因缺乏运动而导致的关节结构、周围软组织和膝关节肌肉退化，从而使锻炼者的日常生活、劳动和运动等更加充满活力。

改善身体成分

身体成分是指人体体重中的脂肪组织和去脂组织的重量百分比。身体成分中的脂肪成分增加，肌肉成分必然下降。身体中不具备收缩功能的脂肪组织增加，必然导致身体进行各种活动的能力下降，基础代谢水平降低，肥胖症、冠心病、高血压、糖尿病、高血脂等慢性疾病发病率的提高。因此，身体成分是保证人体健康的重要内容之一。

通过系统的体育锻炼，随着锻炼者体质的增强，热量消耗便随之增加，进而燃烧掉体内多余的脂肪，使身体成分得到改善。而身体成分的改善，又可以减少体重对关节可能带来的不利影响，还可以使肥胖者的心理状况得到改善，增强其自信心，使其逐步建立起健康的生活方式。

心理价值

研究证明，有规律的体育锻炼不但可以使锻炼者增强体质、促进身体健康、预防一些慢性疾病，还可以提高锻炼者的生活满意度和生活质量，对其心理健康产生积极影响。

体育锻炼的心理健康效应主要表现在六个方面：

改善情绪状态

短期效应

研究发现，体育锻炼对人的情绪状态具有显著的短期效应。运动后人们的焦虑、抑郁、紧张和心理紊乱等症状会明显减轻，而精力和愉快程度则明显增强。而且这种情绪的迅速变化，与锻炼者个体的健康状况、活动形式和活动强度等有着直接的联系。

 长期效应

体育锻炼对人情绪的长期效应有着直接的影响，与不锻炼者相比，有规律的锻炼者在较长时期内很少会产生焦虑、抑郁、紧张和心理紊乱等情绪。

完善个性行为特征　　见表2-2-1

人们的行为特征一般可以分为两种类型，用Ａ型行为特征和Ｂ型行为特征来表示。Ａ型行为特征主要表现为性情急躁、争强好胜、容易激动、整天忙碌和做事效率高等。Ｂ型行为特征主要表现为不好竞争、不易紧张、不赶时间、对人随和、喜欢自由自在等。具有Ａ型行为特征的人由于过度紧张的情绪反应，会引起内分泌失调，增加心脏病发病的概率。目前的一些研究主要集中在体育锻炼对改变Ａ型行为特征的作用方面。研究结果表明，有规律的体育锻炼能明显改变Ａ型行为特征。

表2-2-1　　Ａ、Ｂ型个性行为特征常见表现

Ａ型行为特征者常见表现	Ｂ型行为特征者常见表现
约会从来不迟到	对约会很随便
竞争意识很强	竞争意识不强
别人要讲话时总爱抢先或插话	是别人讲话时很好的听众
总是匆匆忙忙	即使有压力也从不匆忙
等待时缺乏耐心	能够耐心等待
干事时全力以赴	处事漫不经心
同时想干很多事	在一段时间里只干一件事情
讲话喜欢用加强语气，甚至敲桌子	讲话语速缓慢、不慌不忙
做了好事希望能得到别人的认可	只要自己满意即可，不管别人怎样想
吃饭、走路都很快	做事情很慢
不善与人相处	为人随和
容易暴露自己的感情	能控制自己的感情
具有广泛的兴趣	没什么业余爱好
雄心壮志	满足于目前的工作和学习状况

运动价值

确立良好自我概念

自我概念是指个体对自己身体、思想和情感的主观整体评价，它由许多自我认识组成，包括我是什么人、我主张什么和我喜欢什么等。

坚持体育锻炼，可以使锻炼者体格强健、精力充沛、提高驾驭身体的能力，从而改善对自身的满意程度，确立良好的自我概念。

改变睡眠模式

根据脑电图的显示，人的睡眠可以分为两种状态，即慢波睡眠状态和快波睡眠状态。前者为浅度睡眠状态，后者为深度睡眠状态。一夜之间两种睡眠状态会交替发生 4～5 次。

有规律的体育锻炼不仅对慢波睡眠有促进作用，而且能缩短入眠的潜伏期，并延长睡眠的时间。

改善认知能力

体育锻炼还能改善人的认知过程，避免反应时间过长、注意力不集中和思维混乱等症状的发生，尤其对老年人的认知能力改善效果更为明显。

增加心理治疗效应

体育锻炼被公认为是一种心理治疗的好方法。目前人群中常见的心理疾患是抑郁症和焦虑症。研究发现，体育锻炼是治疗抑郁症的有效手段之一，抑郁症患者经过有规律的体育锻炼，抑郁症状能明显减轻。

体育锻炼还具有治疗焦虑症的作用，通过有规律的体育锻炼，可以使锻炼者的焦虑症状明显改善。

第三节

运动保护

在运动过程中，人体机能会随时发生变化。因此，应针对这种机能变化的特点来进行体育锻炼，也就是我们所说的运动保护。运动保护一般包括运动前准备、运动后放松和自我养护三个方面。

 运动前准备 ◆◆◆◆◆◆◆◆◆

准备活动是指在正式运动之前进行的有目的的身体练习。做好充分的准备活动，可以缩短机体进入最佳状态的时间，同时还可以预防运动损伤的发生，为机体发挥最大的工作效率做好功能上的准备。

准备活动的作用

提高中枢神经系统兴奋状态

（1）使大脑反应速度加快，参加活动的运动中枢神经相互协调。

（2）为正式运动时生理机能达到适宜程度提前做好准备。

提高机体代谢水平

（1）准备活动可以使锻炼者体温升高，降低肌肉黏滞性，使肌肉的伸展性、柔韧性和弹性增强，从而有效预防运动损伤的发生。

（2）准备活动可以增强体内代谢酶的活性，使物质代谢水平提高，以保证运动时有较充分的能量供应。

克服内脏器官生理惰性

（1）准备活动可以提高心血管系统和呼吸系统的机能水平，使肺通气量及心血输出量增加。

（2）可以使心肌和骨骼肌的毛细血管扩张，使其工作肌获得更多的氧，从而克服内脏器官的生理惰性，使之尽快达到最佳状态。

增加皮肤毛细血管血流量

准备活动可以使皮肤毛细血管的血流量增加，运动后毛细血管扩张，有利于散热，降低体温，有效防止开始正式活动时由于体温过高而影响运动能力。

准备活动要求

准备活动时间

(1)准备活动的时间可以根据运动项目的具体情况确定，一般以10～30分钟为宜。

(2)准备活动与正式运动的间隔时间，一般以不超过15分钟为宜，可以在做完准备活动后立刻进行正式运动。

准备活动强度

(1)准备活动的强度和量应较正式运动小，以免引起不必要的疲劳。

(2)准备活动的量可以由心率来决定，心率以100～120次／分为宜。

准备活动内容

一般性准备活动

一般性准备活动的内容多以伸展运动开始，然后进行一般性的跑步、徒手体操等活动。

下面介绍一套常用的一般性准备活动操，供锻炼者运动前使用。这套活动操主要包括头部运动、肩部运动、扩胸运动、体侧运动、体转运动、髋部运动和踢腿运动等。

图2-3-1

头部运动

头部运动的动作方法（见图 2-3-1）：两手叉腰，两脚左右开立，做头部向前、向后、向左、向右，以及绕环运动。

肩部运动

肩部运动的动作方法（见图 2-3-2）：手扶肩部，屈臂向前、向后绕环，以及直臂绕环。

扩胸运动

扩胸运动的动作方法（见图 2-3-3）：屈臂向后振动及直臂向后振动。

体侧运动

体侧运动的动作方法（见图 2-3-4）：两脚左右开立，一手叉腰，另一臂上举，并随上体向对侧振动。

体转运动

体转运动的动作方法（见图 2-3-5）：两脚左右开立，两臂体前屈，身体向左、向右有节奏地扭转。

髋部运动

髋部运动的动作方法（见图 2-3-6）：两脚左右开立，两手叉腰，髋关节放松，向左、向右 360 度旋转。

图 2-3-2

图 2-3-3

踢腿运动

踢腿运动的动作方法（见图 2-3-7）：两臂上举后振，同时一腿向后半步，重心置于前腿，两臂下摆后振，同时向前上方踢腿。

图 2-3-4

图 2-3-5

图 2-3-6

图 2-3-7

专门性准备活动

专门性准备活动的动作方法、节奏和强度等与正式锻炼相似，目的是使人体主要肌群在运动前得到动员，为正式锻炼做好准备。

运动后放松

运动后放松是指运动之后所进行的一些能够加速机体功能恢复的、较轻松的身体活动。与运动前准备活动相反，其目的是使锻炼者的生理机能水平逐步得到恢复。

放松方法

运动性手段

（1）运动结束后，锻炼者可采用变换运动部位的方法来消除疲劳，如上肢出现疲劳时可做一些慢跑运动，下肢出现疲劳时可做一些上肢运动。

（2）转换运动类型也是一种不错的放松方法，如打羽毛球出现疲劳时，可从事瑜伽运动来达到放松的目的。

（3）还可以用调整运动强度的方法来缓解疲劳，如可以在放松过程中，采用小强度的轻微运动方法等。

整理活动　见图 2-3-8

（1）整理活动是指运动后所做的一些能够加速机体功能恢复的身体活动，如剧烈运动后进行 3～5 分钟慢跑或其他整理活动，使身体机能得以恢复。

（2）剧烈运动后如不做整理活动而骤然停止动作，会影响氧气的补充和静脉血的回流，使机体血压降低，引起不良反应。

图 2-3-8

(1)在进行整理活动时动作应缓慢、放松，运动量不要过大，否则会引起新的疲劳。

(2)在进行整理活动时，应当保持心情舒畅、精神愉快。

锻炼后，锻炼者感觉身体疲劳是一种正常的生理现象，是体育锻炼过程中的正常反应，随着体育锻炼时间的延长，疲劳症状会自然消失。运动性疲劳出现后，锻炼者如果采用一些自我养护措施，可以加速身体机能的恢复，尽快消除疲劳，提高锻炼效果。常见的自我养护方法主要包括运动后休息、合理营养和物理手段等三种。

静止性休息　见图 2-3-9

(1)静止性休息是指锻炼者运动后保持机体相对的静止状态，以促进身体机能的恢复，尽快消除疲劳。

(2)静止性休息的最佳方式之一是睡眠，特别是刚开始从事锻炼者，身体不适应或疲劳症状明显时，更应该保证足够的睡眠，否则，锻炼者虽然积极参加了体育锻炼，但收效甚微，甚至会导致过度疲劳症状的发生。

（3）静止性休息更适合于消除全身运动导致的整体疲劳症状。

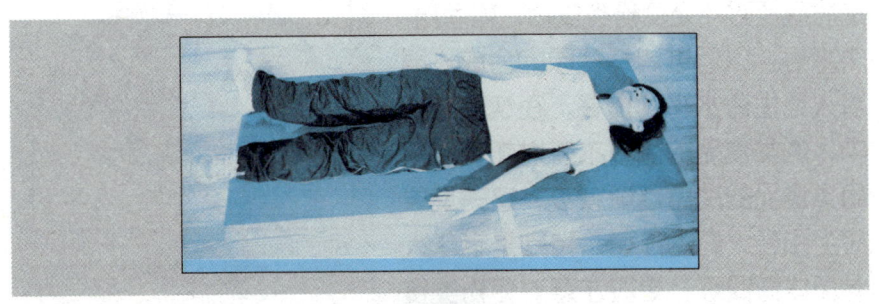

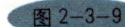
图 2-3-9

 积极性休息 见图 2-3-10

（1）积极性休息更适合由于少量肌肉群参与工作而导致的局部疲劳，或运动强度较大而导致的快速疲劳。

（2）积极性休息可以加速血液循环，有利于代谢物排出体外，对促进身体机能的恢复具有明显的效果。

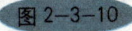
图 2-3-10

合理营养 见图 2—3—11

图 2—3—11

小强度、长时间的运动形式，主要是靠糖原的有氧代谢提供能量。运动后应及时补充淀粉类食物，如面粉、大米等，以促进消耗糖原的合成。随着人民生活水平的提高，在饮食结构中，肉类食品的比重不断增加，而淀粉类食品的比重逐渐减少，这一现象应当引起人们的注意，特别是老年人参加体育锻炼，更应注意对淀粉类食物的补充。

强度较大、时间又相对较长的运动形式，主要是靠糖原的无氧代谢提供能量。这样，糖原无氧代谢产物——乳酸便会在体内大量堆积。因此，运动后应多补充蔬菜、水果等碱性食品，以加速乳酸的清除，达到尽快消除疲劳的目的。

物理手段

按摩及南拉 见图 2—3—12

（1）通过刺激神经末梢、皮肤结缔组织和毛细血管的按摩方法，可以使紧张的肌肉得以放松，从而改善局部组织和全身的血液循环，达到促进身体机能恢复的目的，这种方法可以在锻炼后马上进行。

（2）此外，还可以采取缓慢牵拉肌肉的方法，使收缩的肌肉得到充分的伸展放松。

水疗及电疗

（1）水疗包括芬兰式蒸汽浴、热水浴和桑拿浴等多种形式，主要作用是通过提高体温，促进血液循环，清除代谢物，以达到尽快消除疲劳、恢复体力的目的。

（2）水疗的时间一般以不超过 30 分钟为宜，如果时间过长，会进一步消耗体力，严重时甚至会出现暂时性脑缺血现象。

（3）如果条件允许，还可对疲劳的肌肉进行低频治疗。低频治疗仪的原理是模拟针灸疗法，使用时将电极用不干胶对称地粘贴在运动部位表皮上。这种疗法可以促进局部血液循环，改善组织代谢，缓解肌肉酸痛，消除疲劳。

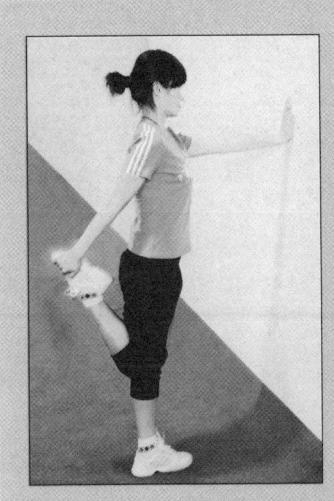

图 2—3—12

第三章 基本技术

　　基本技术是学习陈式太极套路动作前首先要掌握的基本功,是学习套路的先决条件。陈式太极的基本技术包括基本手形、基本手法、基本步形和基本步法等。

第一节

基本手形

　　基本手形是指陈式太极中最常用的几个手形，包括拳、掌、勾等。

 **拳** ◆◆◆◆◆◆◆◆◆◆◆◆◆◆

　　拳的动作方法（见图 3-1-1）是：

　　（1）五指卷握，拇指紧压在食指和中指的第二指节上。

　　（2）握拳不可太紧，拳面要平。

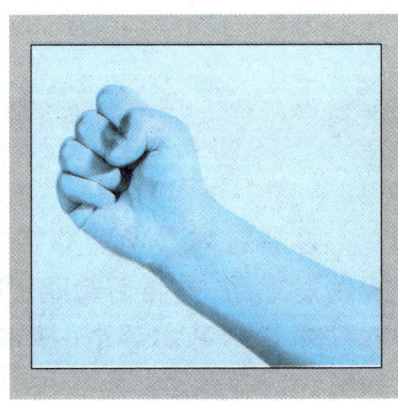

图 3-1-1

 **掌** ◆◆◆◆◆◆◆◆◆◆◆◆◆◆

　　掌的动作方法（见图 3-1-2）是：

　　五指自然舒展，掌心略合，虎口呈弧形。

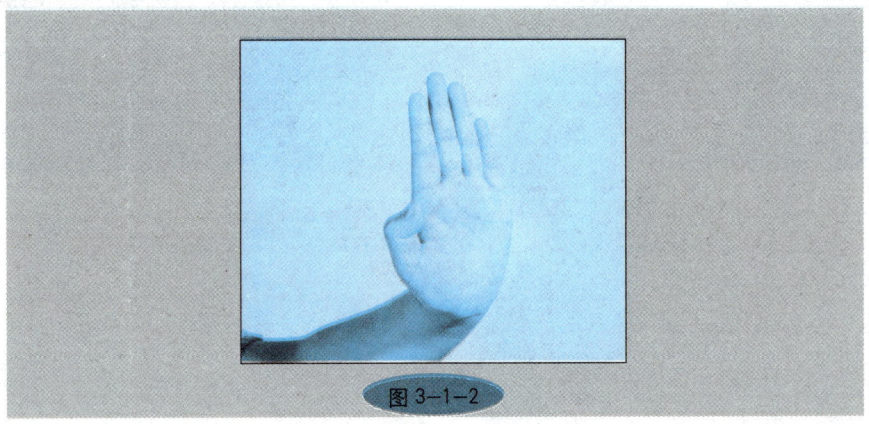

图 3-1-2

 **勾**

勾的动作方法（见图 3-1-3）是：

五指的第一指节捏拢在一起，同时屈腕。

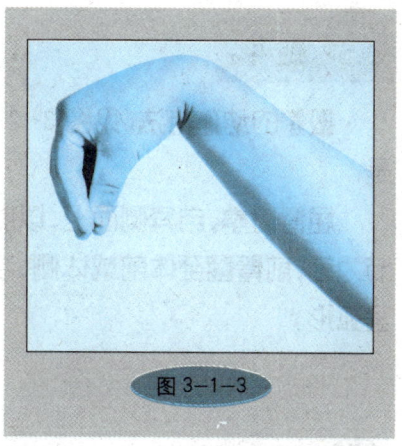

图 3-1-3

第二节

基本手法

基本手法是指陈式太极中最常用的几种手法，包括拳法、掌法和臂法等。

 **拳法**

拳法包括冲拳、搬拳和贯拳等。

 **冲拳**

冲拳的动作方法（见图 3-2-1）是：

自腰立拳向体前打出，高不过肩，低不过胸，力达拳面。

图 3-2-1

搬拳

搬拳的动作方法（见图3-2-2）是：

屈臂俯拳，自异侧而上，以肘关节为轴，前臂翻至体前或体侧，手臂呈弧形。

图 3-2-2

贯拳

贯拳的动作方法（见图3-2-3）是：

两臂内旋，两拳自下方经身体两侧向前圈贯，与头同高，拳眼相对向下，两臂呈弧形。

掌法

掌法是陈式太极中非常重要的技术，包括单推掌、搂掌、拦掌、穿掌、架掌和按掌等。

图 3-2-3

单推掌

单推掌的动作方法（见图3-2-4）是：

掌贴耳旁，臂内旋，向体前立掌推出，掌指高不过目，力达掌根。

图 3-2-4

搂掌

搂掌的动作方法（见图 3-2-5）是：

掌经异侧，体前弧形下搂至膝外侧，掌心向下，掌指向前。

图 3-2-5

拦掌

拦掌的动作方法（见图 3-2-6）是：

掌经体侧向上，立掌向胸前拦，掌心向异侧，掌指斜向上。

图 3-2-6

穿掌

穿掌的动作方法（见图 3-2-7）是：

侧掌或平掌沿体前、臂部、腿部穿伸，指尖与穿伸方向相同，力达指尖。

图 3-2-7

架掌

架掌的动作方法（见图 3-2-8）是：

手臂内旋，掌自下向前上架至头侧上方，臂呈弧形，掌心向外，掌高过头。

图 3-2-8

按掌

按掌的动作方法（见图 3-2-9）是：

（1）单掌或双掌自上而下为下按掌。

（2）自后经下方向体前弧形推出为前按。

图 3-2-9

臂法 ◆◆◆◆◆◆◆◆◆◆◆

臂法包括掤和挤等。

掤

掤的动作方法（见图 3-2-10）是：

曲臂呈弧形举于体前，掌心向内，力达前臂外侧。

图 3-2-10

挤

挤的动作方法（见图 3-2-11）是：

（1）一只手臂屈于胸前，另一只手扶于屈臂手腕部或前臂内侧。

（2）两臂同时前挤，臂撑圆，高不过肩。

图 3-2-11

第三节

基本步形

基本步形很简单，主要是指下肢的动作，包括弓步、虚步、仆步、丁步、独立步和平行步等。

弓步

弓步的动作方法（见图 3-3-1）是：

（1）前腿全脚着地，屈膝前弓，膝部不得超过脚尖。

（2）另一条腿自然伸直，脚尖内扣，朝向斜前方约 45 度，两脚横向距离为 10～20 厘米。

图 3-3-1

虚步的动作方法（见图 3-3-2）是：

（1）一条腿屈膝半蹲，全脚着地，脚尖向斜前方。

（2）另一条腿略屈，前脚掌或脚跟点地。

图 3-3-2

仆步的动作方法（见图 3-3-3）是：

（1）一条腿全蹲，膝部与脚尖略外撇。

（2）另一条腿自然伸直，平仆接近地面，脚尖内扣，两脚着地。

图 3-3-3

丁步的动作方法（见图 3-3-4）是：

（1）一条腿屈膝半蹲，重心在屈膝腿上。

（2）另一只脚以前脚掌点于支撑脚内侧。

图 3-3-4

 **独立步** ◆◆◆◆◆◆

独立步的动作方法（见图 3-3-5）是：

一条腿自然直立，另一条腿屈膝提起。

 **平行步** ◆◆◆◆◆◆

平行步的动作方法（见图 3-3-6）是：

两脚分开，脚尖向前，屈膝下蹲或自然直立，两脚外缘距离与肩同宽。

图 3-3-6

第四节

基本步法

基本步法是指脚步的运行轨迹，包括上步、退步、侧行步和碾步等。

上步的动作方法（见图 3-4-1）是：

（1）一条腿支撑，另一条腿提起，经支撑腿内侧向体前上步。

（2）脚跟先着地，接着重心前移，全脚着地。

图 3-4-1

退步的动作方法（见图 3-4-2）是：

（1）一条腿支撑，另一条腿经支撑腿内侧后退一步。

（2）前脚掌先着地，随重心后移，全脚着地。

图 3-4-2

侧行步的动作方法（见图 3-4-3）是：

（1）一条腿支撑，另一条腿侧向开步，前脚掌先着地，接着重心横移，全脚着地，逐渐过渡为支撑腿。

（2）另一条腿提起，向支撑腿内侧并步，前脚掌先着地，接着重心横移,全脚着地,逐渐过渡为支撑腿。

（3）并步时两脚间距为 10～20 厘米。

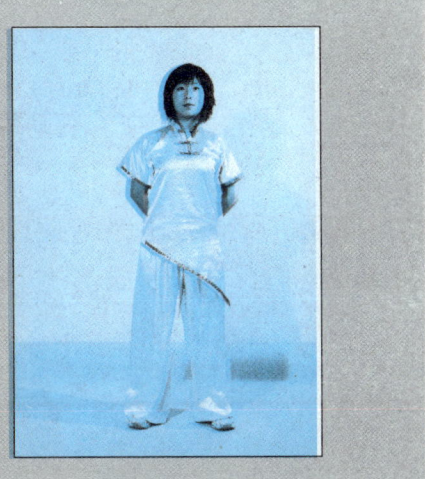

图 3-4-3

 碾步 ◆◆◆◆◆◆◆◆◆◆

碾步的动作方法（见图 3-4-4）是：

以脚跟为轴,脚尖外摆或内扣,或以前脚掌为轴,脚跟外展。

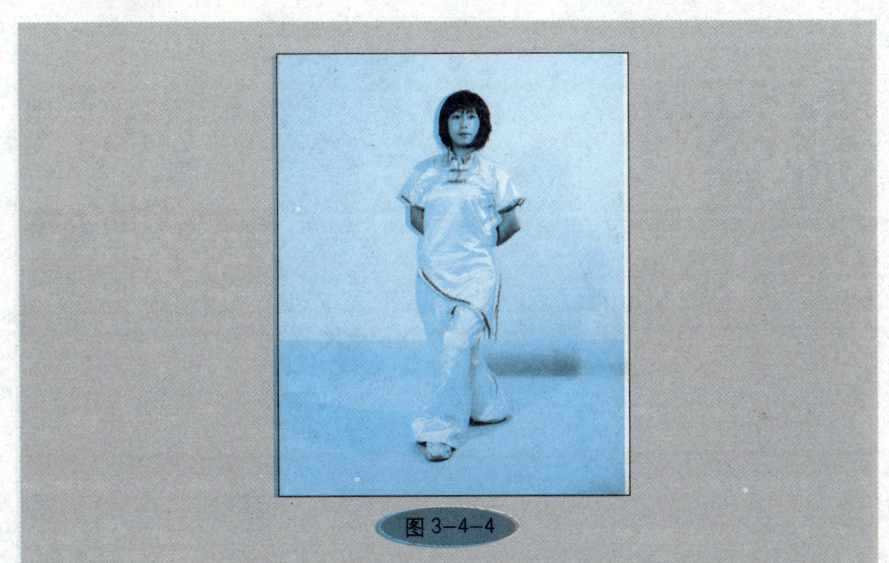

图 3-4-4

第四章 套路练习

　　套路练习是学习陈式太极的重要步骤，它着重强调练习者对陈式太极基本要领的掌握和基本功法的运用。经常练习，有利于提高身体的协调性与灵活性。陈式太极的套路练习包括四段内容。

第一节

第一段

第一段包括起势、右金刚捣碓等 21 个动作。

起势　◆◇◆◇◆◇◆

起势的动作方法（见图 4-1-1）是：

（1）两脚并拢，身体自然直立，头颈正直，下颌内收，胸腹放松，肩臂松垂，两手轻贴于大腿外侧，精力集中，呼吸自然，目视前方。

（2）左脚脚跟、脚尖依次缓缓提起，向左侧开步，两脚距离与肩同宽，脚尖向前，重心落于两腿之间。

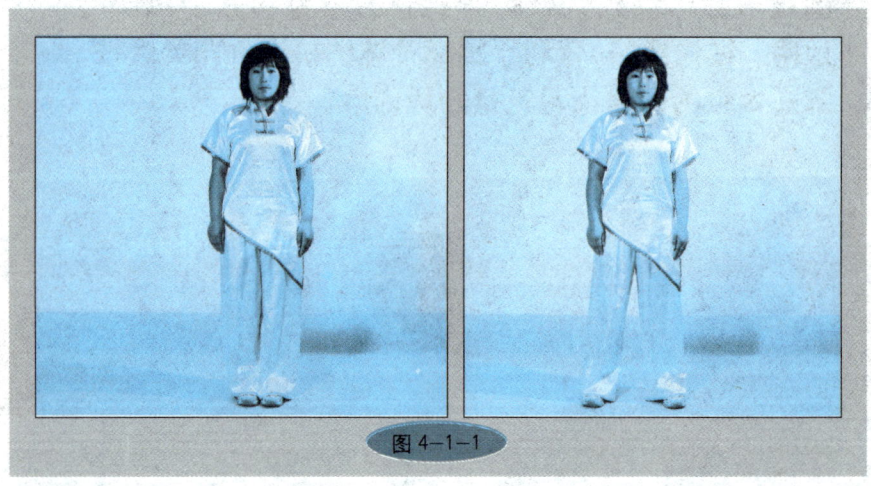

图 4-1-1

右金刚捣碓　◆◇◆◇◆◇◆

右金刚捣碓的动作方法（见图 4-1-2）是：

（1）身体略右转，同时两臂略屈，左手外旋，右手内旋，掌心均向下，两腿略蹲，身体略左转，带动两臂向左侧划弧，举至肩平，掌心向下，目视两手之间。

（2）两腿屈蹲，重心移至左腿，上体右转，同时右脚以脚跟为轴，脚尖外摆约90度，随转体两臂略屈，左手外旋，右手内旋，掌心向外、向右平摆，分别至身体侧前方，两手腕与肩平，指尖向左，目视左手前方。

（3）身体重心移至右腿，左脚提起，脚尖上翘，左脚以脚跟内侧贴地，向左前方铲出，同时两手向右后方平推，手心向外，目视右手。

（4）身体重心左移，同时左脚踏实，身体略左转，随之左臂内旋，屈肘横于左胸前方，手心向外，右手外旋，向下、向右划弧于右膝旁，手心斜向下，重心移至左腿，身体继续左移，随转体右脚向体前上步，脚尖点地呈右虚步，同时右手划弧外旋，前撩至右腹前方，掌心斜向上，指尖斜向下，左手划弧，外旋回收，掌心向下合于右前臂上方，目视右手。

（5）右掌变拳，屈臂上举至与鼻同高，拳心向内，左掌落至腹前，掌心向上，同时右腿屈膝提起，脚尖略翘起，接着右拳下落，砸击左掌心，同时右脚向左脚内侧踏地、震脚（两脚相距约20厘米），目视前下方。

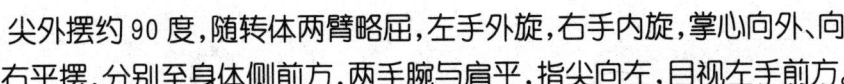

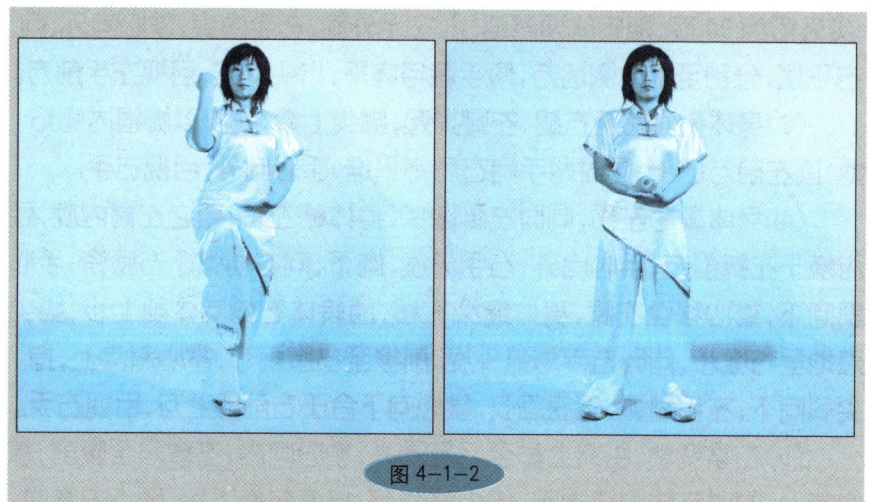

图 4-1-2

 揽扎衣

揽扎衣的动作方法（见图 4-1-3）是：

（1）身体略左转，重心偏于左腿，随之左手托右拳向左、向上划弧至左肩前方，身体再右转，右拳变掌，手臂内旋，使两臂交叉于胸前，右手在里，两手心均向外，目视左手。

（2）身体略右转，重心偏于右腿，右手向前、向右划弧至右肩前上方，左手向下、向左划弧至左胯旁。

（3）重心全部移至左腿，并使左腿略屈，继而右腿屈膝，右脚提起，同时右手下落至右膝上方，左手向上举至左前方，腕高于肩。

（4）动作不停，左腿屈蹲，右脚以脚跟内侧贴地，向右侧铲出，同时左手向右、向下划弧，右手向左、向上划弧，使两臂于胸前相合交叉，右手在外，手心斜向上，目视左手。

（5）重心右移，上体略左转，右手内旋，手心向外，左手外旋，手心斜向上，接着重心继续右移，呈右偏马步，上体再随之略右转，随转体右手向上、向右平着经下颌前方划弧至右前方，前臂外旋，腕与肩同高，左手屈肘下落于腹前，手心向上，目视右手。

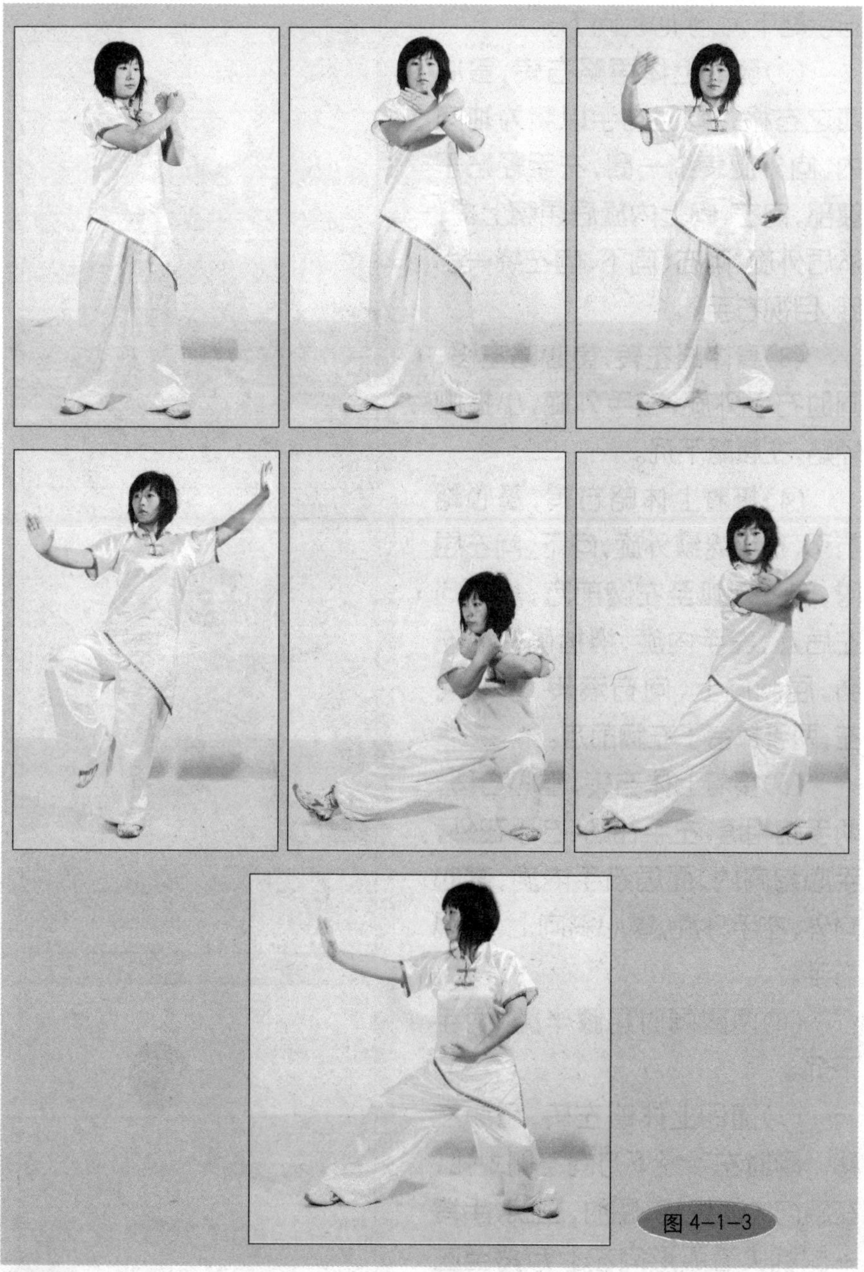

图 4-1-3

右六封四闭

右六封四闭的动作方法(见图 4-1-4)是：

(1)上体略左转，重心左移，左臂内旋，左手心贴腹部向左侧划弧，

右手略下沉，手心转向下。

　　（2）随即上体再略右转，重心随之右移，同时右手以腕为轴向内、向外旋转绕一圈，左手轻贴于腹部，向左、向上内旋后屈腕上提，然后外旋，向右、向下、向左绕一小圈，目视右手。

　　（3）身体略左转，重心略左移，同时右手外旋，左手外旋，小指侧轻贴，左腹略下沉。

　　（4）接着上体略右转，重心略右移，右手继续外旋，向下、向左屈肘，向上划弧至左胸前方，掌心向左后方，左手内旋，拇指侧轻贴左肋，屈腕向上、向右滚转，掌心向左，两手捧合于左胸前方。

　　（5）接着上体右转，重心右移，两手腕相搭，左手在内，右手在外，手心均向内，而后右手内旋，掌心向外，左手外旋，掌心斜向上，目视右手。

　　（6）两腿同时屈膝半蹲，两手下沉。

　　（7）随即上体略左转，重心左移，同时左手经下方向左侧划弧，在胸前内旋转腕，屈肘，屈腕，手背一侧腕关节弧形向左上方将至左耳侧，劲贯手背，五指斜向下，小指、无名指、中指依次内收，右手外旋，经下方向左、向上划弧，托于右肩右前方，右掌略低于肩，指尖向

右，掌心向上，目视右掌。

（8）上体左旋，同时两臂屈肘，前臂内旋，掌心向上，掌指向外、向后分摆至肩上方，接着重心移至右腿，左腿屈膝外展，左脚收至右脚内侧，脚尖点地，两脚相距约 20 厘米，上体右转，随转体两掌向右、向下按至右胯旁，虎口斜相对，掌心斜向下，目视两手之间。

图 4-1-4

左单鞭

套路练习

左单鞭的动作方法（见图4-1-5）是：

（1）身体略右转，左手内旋，略向右前方伸推，再外旋，掌心翻向上，右手外旋，经右掌下方屈肘收于左前臂内侧，掌心向上。

（2）上体左转，右手内旋呈勾，经左掌心向右前方上提，勾尖向下，臂略屈，左手屈肘收至腹前，目视右手。

（3）身体重心右移，右腿屈膝下蹲，左脚提起。

（4）左脚以脚跟内侧贴地，向左侧铲出，目视左脚。

（5）左脚脚尖落实，左腿屈膝，重心左移。

（6）接着右腿屈膝，重心右移，左掌由腹前略向右上托至右肩前方，臂外旋，掌心转向外。

（7）随即重心再向左移呈左偏马步，左掌经胸前向左侧划弧至身体左侧，腕略低于肩，掌指斜向上，掌心斜向前，目视左手。

图4-1-5

搬拦捶的动作方法(见图4-1-6)是：

（1）上体略左转，右勾变掌，外旋转腕，左手内旋，随转体略向左侧摆动。

（2）重心右移，上体右转，随转体两掌变拳，同时内旋，向下、向右划弧摆至右胯旁，拳心斜相对，拳眼斜向后，目视两拳之间。

（3）重心略左移，两腿屈膝半蹲，同时上体急促左转，随之左拳外旋，两拳经胸前向左，以拳眼为力点横击抖发，左拳心向上，右拳心向下，目视左拳。

（4）动作与（2）同，但方向相反。

图 4-1-6

护心捶 ◆◆◆◆◆◆◆

护心捶的动作方法（见图4-1-7）是：

（1）身体重心右移，上体右转，同时两拳内旋，向右下方划弧至右膝外侧，目视两拳之间。

（2）重心全部移至右腿，左腿屈膝提起，脚尖下垂。

（3）右臂内旋提肘，接着身体左转，右脚蹬地跃起，随即左、右脚依次向左前方（东南方）落步，两腿略屈，重心偏于左腿，随转体左拳向上，经额前外旋，向左后下方弧形抡臂至左腰侧，拳心斜向内，右拳外旋，向上、向右前方划弧抡击至身体右前方，拳同肩高，拳眼向上，目视右拳。

（4）重心右移，上体右转，右臂屈肘内旋，右拳向下、向左划弧至腹前，拳眼向内，左拳向左、向上、向右屈臂划弧至额前，接着左拳向下、向右经胸前屈肘落于右肋前方，拳眼向上，右拳外旋向上，经胸前从左前臂内侧向左前方伸腕掤出，拳同胸高，随即上体略左转，两腿屈膝半蹲呈右偏马步，同时两拳、两臂合劲，目视右拳。

图 4-1-7

白鹤亮翅

白鹤亮翅的动作方法（见图 4-1-8）是：

（1）身体右转，两拳变掌，右掌略内旋，向上置于左肩前方，掌心斜向下，左掌略外旋，向下置于右胯旁，掌心斜向下，同时右脚以前脚掌为轴略向外碾转，继而重心全部移至右腿，左脚提起，以脚跟内侧贴地，向左前方铲出，目视左掌。

（2）左脚脚尖落地踏实，上体略左转，同时左手内旋向上，右手内旋向下，经胸前时两臂相交，左手在外。

（3）重心全部移至左腿，身体继续左转，随之右脚收至左踝内侧约20 厘米处，随转体左掌经面前，右掌经腹前分别向上、向下分展，臂略屈，左掌略高于头，掌心向外，指尖斜向上，右掌落于右胯旁，掌心向下，指尖斜向前，目视前方。

图 4-1-8

斜行拗步

斜行拗步的动作方法（见图 4-1-9）是：

（1）上体先略右转，随转体右脚脚尖点地碾转，上体左转，随转体左手外旋，向右、向下划弧，再略内旋，向左侧划弧置于左胯旁，掌指向前，掌心向下，右手外旋，向上、向左、向前划弧置于右前上方，掌指向右上方，掌心向外，目视右手。

（2）身体略右转，右脚提起后略向体前踏脚落步，屈膝半蹲，随右脚落步左脚迅速屈膝提起，随即脚尖上翘，以脚跟内侧贴地，向左侧铲出，同时左手继续向左、向上划弧，再屈臂外旋，向右、向下划弧屈肘置于左肩前方，腕同肩高，掌指向上，掌心向右，右手内旋，继续向右、向上划弧置于右胯旁，掌心斜向后下方，目视右手。

（3）重心左移，左脚脚尖落地踏实，左腿屈膝半蹲，上体左转，随转体左掌向右、向下、向左，经腹前搂至左膝前方，左掌变勾向左上方摆至左胸前方，臂略屈，勾尖向下，右臂屈肘右掌置于右耳侧，掌指向左后方，掌心向内，目视左手。

（4）身体右转，随之右掌由右耳侧向左、向前，经胸前向右侧划弧平展，左勾手向左平展，同时两腿屈膝，重心略右移，接着重心左移，身体略左转，接着两肩下沉，两臂略屈并略外旋，坠肘，松腕，左手高度与肩平，勾尖向下，右手塌腕，指尖斜向上，掌心斜向前，目视右掌。

图 4-1-9

提收

提收的动作方法(见图 4-1-10)是:

(1)身体重心略移向左腿,左脚脚尖内扣,同时左手勾变掌,两臂外旋,左手向上、向右,右手向下、向左划弧于左前方,左手在前,右手合于左肘内侧下方约 10 厘米处,虎口均向上,目视左手。

(2)身体略右转,重心移于右腿,左腿屈膝,左脚收于右脚左前方约 20 厘米处,脚尖点地,同时两手外旋收于腹前,左手在前,右手收于左肘内侧,手指均向前,掌心均向上,目视前下方。

(3)身体略左转,重心全部移至右腿并屈膝,左腿屈膝提起,膝同腰高，脚尖自然下垂，同时两手内旋，向前下方推按，左掌置于左膝前方，右掌置于左膝内侧，两掌心斜向前下方，目视左手。

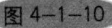

图 4-1-10

前趟的动作方法（见图4-1-11)是：

（1）右腿屈膝下蹲，左脚下落，脚尖翘起，以脚跟内侧贴地，向左前方铲出，同时身体右转，随之左手外旋，右手内旋，同时向下、向右划弧置于腹前，指尖均向左侧，掌心均向下，目视两手之间。

（2）身体略左转，重心略移向左腿，左脚脚尖落地踏实，同时两手继续向右上方划弧，左臂屈肘横于胸前，掌心向右，右掌继续向右、向上划弧，先外旋屈肘，而后内旋，

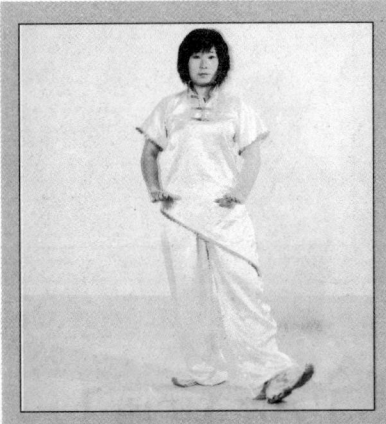

以右手腕附于左前臂内侧，目视右手。

（3）身体继续左转，两前臂交叉，两手内旋，掌心外翻，接着重心全部移至左腿，并屈膝半蹲，右脚经左脚内侧向右侧横迈一步，两掌随重心右移向左、向右划弧展开，两腕同肩平，两臂略屈，指尖均向上，掌心均向外，目视右掌。

图4-1-11

右掩手肱捶

右掩手肱捶的动作方法（见图4-1-12）是：

（1）身体略左转，重心略左移，同时两臂向两侧伸展，左手内旋，手心斜向下，右手外旋，手心上翻，接着身体右转，重心全部移至左腿，右脚蹬地，屈膝提起，脚尖自然下垂，随之右臂屈肘，右掌内旋变

套路练习

拳，向上、向左、向下收至腹前，拳面斜向下，左臂屈肘，左掌外旋，向上、向右、向下，与右手在胸前相合，左掌附于右前臂上方，目视前下方。

（2）左腿屈膝，右脚下落，踏地震脚，随即左腿略屈提起，左脚向左前方（东北方）铲出，继而重心略左移，左腿屈膝，左脚踏实，同时重心下降，上体略右转，随转体两臂合于胸前，目视右拳。

（3）身体右转，重心略左移，同时左臂略外旋，右臂略内旋，分别向左上方、向右下方弧形分开，左掌心向外，右拳心向后，接着身体略左转，重心略右移，随之右臂屈肘，右拳外旋，向上、向左、向下收于胸前，拳眼向外，左臂屈肘，左手外旋，向右、向下划弧置于左肩前方，掌心向上，拇指和食指伸直，其余三指弯曲，目视左手。

（4）身体略右旋后，急促左转，随之重心迅速左移，呈左弓步，同时左手快速收于左肋旁，手心轻贴左肋，右拳随转体后拉蓄劲，然后内旋，经左臂上方向右前方（东南方）急促发出，拳同肩高，拳心向下，目视右拳。

图 4-1-12

披心捶

披心捶的动作方法（见图4-1-13)是：

（1）身体右转，重心略右移，随转体左手变拳，内旋，向左、向前、向上划弧，撩至与肩同高时右臂屈肘外旋，左拳同额高，右拳收于左肘内侧下方，两拳心斜向上，重心继续右移，身体继续右转，随转体右拳向下、向右经腹前内旋，向上划弧至身体右侧，高与肩平，左臂屈肘，左拳向右侧经面前外旋，向下划弧至右胸前方，目视右拳。

（2）身体略左旋，重心移向左腿，同时左拳向下、向左划弧，经腹前置于左腰侧，拳心向上，右臂屈肘外旋，右拳向上、向左划弧置于右肩前方，拳同肩高，拳心向内，目视右拳。

图 4-1-13

 背折靠 ◆◆◆◆◆◆◆◆◆

背折靠的动作方法（见图 4-1-14）是：

（1）身体重心左移，上体左转，同时左臂屈肘，左拳内旋，拳面贴于左腰侧，右拳外旋，屈腕向左侧划弧置于左肩前方。

（2）紧接着重心右移，上体向右拧转，随之右拳内旋，屈肘向右上方棚架，拳置于右额前上方，拳心向外，左拳以拳面紧贴腰左侧，目视左脚。

图 4-1-14

套路练习

青龙出水的动作方法（见图4-1-15)是：

（1）上体略左转，重心随之左移，随转体右拳外旋，向前、向下划弧，左臂外旋，向下、向后划弧，身体右转，重心右移，右拳收至右肋旁约20厘米处，拳心向上，左臂屈肘，左拳外旋，向上、向右划弧至胸前，拳心斜向内，目视左拳。

（2）身体左转，重心略左移，同时右臂伸展，右拳内旋，向下、向右、向上划弧至与肩同高时屈肘外旋，再向左划弧置于身体右前方，拳同肩高，拳心斜向上，左拳继续向右、向下、向左划弧置于左腹前方，目视右拳。

（3）身体右转，同时左拳内旋变掌，迅速向右前下方抖弹撩出，掌同腹高，拇指、食指伸展，其余三指略屈，手心斜向下，右臂屈肘，右拳外旋，向左合收于左上臂内侧，拳心斜向上，目视左手。

（4）身体迅速左转，重心移向右腿，呈右偏马步，同时右拳内旋，迅速向右前下方发出至右膝前上方，右臂屈肘，拳眼斜向内，左掌以发右拳一样的速度，屈肘收贴于左腹部，掌心向内，目视右拳。

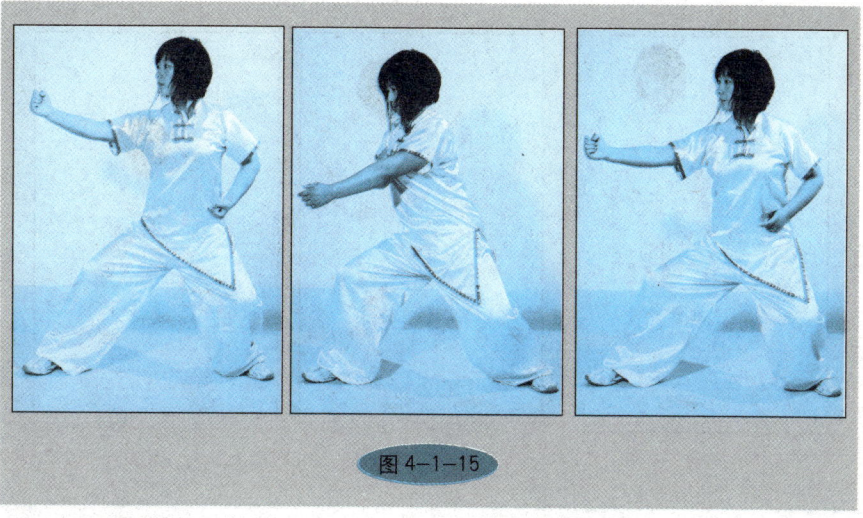

图 4-1-15

斩手

斩手的动作方法（见图 4-1-16）是：

（1）身体略左转，左掌变拳，掌心向右，随即重心全部移至左腿，略屈膝，右腿屈膝提起，身体右转，右脚外摆落地，同时右掌内旋，屈臂后再外旋置于腹前，掌心向上，目视右掌。

（2）身体继续右转，胸向西北方，左脚提起，靠近右脚内侧落地震脚，两腿屈膝全蹲，同时左掌向左、向上、向前、向下切掌，置于右掌上方，目视左掌。

图 4-1-16

翻花舞袖

翻花舞袖的动作方法（见图 4-1-17）是：

（1）两掌内旋，向下伸展，两腿继续略蹲。

（2）两腿伸膝，右脚屈膝上提，左脚蹬地跳起，身体向右后方翻转180 度，右脚、左脚依次落地，左脚在前，两腿屈膝，重心偏于右腿，随跳起右转，左手外旋，同右手一起向上、向右、向前、向下拍掌，左掌置于身体左前方，掌同胸高，右手落于腹前，掌心均向下，目视左手。

图 4-1-17

海底翻花

海底翻花的动作方法（见图 4-1-18）是：

（1）上体先右转再左转。

（2）随之重心全部移至右腿，膝略屈，左腿屈膝上提，膝同腹高。

（3）同时两掌变拳，随转体左拳向下、向右绕一立圆，置于左膝外侧约 10 厘米处，拳眼向外，拳心向上，右拳向下、向右、向上划弧上举，臂略屈，拳略高于头，拳心向左，目视左手方向。

图 4-1-18

左掩手肱捶

左掩手肱捶的动作方法（见图 4-1-19）是：

（1）左拳向上、向右、向下运行，右拳变掌向前、向下运行，两手在胸前相合，右掌附于左前臂上方，指尖向左上方，左拳面向右下方，同时左脚向右脚内侧落地震脚，右脚脚跟迅速提起，右脚以脚跟内侧贴地，向右前方（东南方）铲出，两腿屈膝半蹲呈马步，两臂继续在胸前合劲，目视左拳。

（2）身体左转，重心略左移，同时左拳、右掌向右上、向左下方弧形分开，右掌心向外，左拳心向后，重心略右移，左臂屈肘，左拳外旋，向上、向右、向下收于胸前，拳眼向外，右臂屈肘，右手外旋，向左、向下划弧置于右肩前方，掌心向上，拇指和食指伸直，其余三指弯曲，目视右手。

（3）身体略左转，再急促向右转，随之重心右移呈右弓步，同时右手快速收至右肋旁，手心轻贴右肋，左拳随转体后拉蓄劲，然后内旋，向左前方急促发出，掌心向下，目视左拳。

图 4-1-19

左六封四闭

左六封四闭的动作方法（见图4-1-20）是：

（1）身体略右转，重心右移，同时左拳变掌外旋，向下、向右、向上划弧至右胸前方，掌心向右后方，右手内旋，以拇指侧轻贴右肋，向上、向左翻转，掌心向右，两手捧合于右胸前方，随即上体左转，重心左移，同时两腕轻贴，合劲向左上方弧形挤出，两手同肩高，左手内旋，右手外旋，同时向左前方伸展，目视左手。

（2）右脚外摆，重心右移，身体右转，左腿向左前方上步，脚尖点地，随之右手经胸前内旋，向右上方棚至右耳侧，劲贯手背，左手外旋，向下、向右上方划弧托至左肩前方，掌心向上，劲贯掌指，目视左掌。

（3）身体略右转，重心全部移至右腿，屈膝半蹲，左脚提起，脚尖上翘，以脚跟内侧贴地，向左前方铲出，继而重心略左移，左脚脚尖落地踏实，同时两手内旋翻掌，向后、向内划弧置于两耳侧，掌心斜向上，目视右前方。

（4）身体略左旋，重心全部移至左腿，略屈膝，右脚向左脚内侧收步，右腿屈膝外展，脚尖点地，两脚相距约20厘米，同时两掌合劲向左下方按至左胯旁，两臂略屈，虎口斜相对，掌心斜向下，目视两手之间。

图 4—1—20

 右单鞭 ◆◆◆◆◆◆◆◆◆◆◆

　　右单鞭的动作方法（见图 4—1—21）是：

　　（1）身体略左转，右手内旋，略向左前方伸推，再外旋，掌心翻向上，左手外旋，经右掌下方屈肘收于右前臂内侧，掌心向上，上体右转，左手内旋呈勾，经右掌心向左前方上提，勾尖向下，臂略屈，右手屈肘收至腹前，目视左手。

　　（2）身体重心左移，左腿屈膝下蹲，右脚提起，右脚以脚跟内侧贴地，向右侧铲出，目视右脚。

　　（3）右脚踏实，右腿屈膝，重心右移，接着左腿屈膝，重心左移，右掌由腹前略向左上托至左肩前方，臂外旋，掌心转向外，随即重心再右移呈右偏马步，右掌经胸前向右侧划弧至身体右侧，腕略低于肩，掌指斜向上，掌心斜向前，目视右手。

图 4-1-21

第二节

第二段

第二段包括云手、高探马等 6 个动作。

 **云手(向右)** ◆◆◆◆◆◆◆◆◆

云手(向右)的动作方法(见图 4-2-1)是:

(1)身体重心略左移再右移,同时左勾手变掌,手腕外旋,向下、向左划弧,掌心向外,右掌以腕为轴内旋,向下、向左划弧,掌心斜向后,接着身体略左转,重心移至左腿并屈膝,右脚迅速收至左脚内侧约 20 厘米处,脚尖点地,右腿屈膝略外展,同时左掌内旋,右掌外旋,继续向上、向右、向下、向左划弧至身体左前方,左掌置于左肩前方,右掌置于左腹前方,掌心均向外,目视左掌。

(2)身体略左转,左腿屈膝半蹲,右脚向右侧开步,同时两掌向左前方略推,目视左掌。

(3)身体略右转,重心移至右腿并屈膝,随之左脚向右后方插步,前脚掌着地,同时右掌内旋,向上、向左划弧于左胸前方,指尖向左上方,掌心向外,随之左掌外旋,向下、向右划弧于右腹前方,指尖向前,掌心向外,目视右掌。

（4）身体略左转,重心移至左腿并屈膝,右脚向右侧开步,同时左掌内旋,经胸前向上、向左划弧至身体左前方,略高于肩,掌指向右上方,掌心向外,右掌外旋,向右、向下、向左划弧于左腹前方,指尖向前,掌心向外,目视左掌。

（5）两腿屈膝下蹲,重心移向右腿,同时身体慢慢右转,随之右手内旋,掌心向下,左手外旋,掌心向上,随转体和移重心,两臂屈肘,经胸前向右侧划平弧,左臂略屈,左掌心向上,右臂屈肘,右掌附于左上臂上方,掌心向下,目视左掌。

（6）身体略右转,重心全部移至左腿,右腿提膝,右脚内扣,同时左臂向前、向左、向胸部屈肘,经右前臂下方、内侧,绕至右前臂上方内旋翻掌,向左前方伸臂横掌击出,掌心向下,与此同时右前臂外旋,掌心向上、向右下拉至腹前,目视左掌。

图 4-2-1

云手(向左)的动作方法(见图4-2-2)是：

(1)身体向右转,右脚下落踏震,右腿屈膝,随即左腿屈膝,左脚脚跟提起,脚尖点地,同时两手随转体,右手内旋,向上划弧至左肩前方,掌心向外,左手外旋,向下、向右划弧至右腹前方,指尖向前,掌心向右,目视右掌。

(2)身体重心全部移至右腿并屈膝半蹲,左脚提起,向左侧横开步,同时身体右转,随之两掌继续向右侧划弧,右掌运行至身体右前方,略高于肩,掌指向左上方,掌心向外,左掌运行至右腰前方,拇指侧向上,指尖向右前方,掌心向外,目视右掌。

(3)同"云手(向右)"动作(3),但方向相反。

(4)同"云手(向右)"动作(4),但方向相反。

图 4-2-2

 高探马 ◆◆◆◆◆◆◆◆

高探马的动作方法(见图 4-2-3)是:

(1)左脚脚尖外摆,重心移至左腿并屈膝半蹲,身体略左转,同时两臂略屈,左掌内旋,继续向右、向上、向左划弧于左肩前上方,指尖向右上方,掌心向外,右掌外旋,向右、向下划弧于体右前方,掌同胸高,指尖向上,掌心向外,目视左手。

(2)身体继续略左转,重心移向左腿并屈膝,两手外旋,左手向下、向右,右手向下、向左划弧,两腕相合交叉于胸前,左手在右手上方,指尖向前,左掌心向右,右掌心向左,重心全部移至左腿,右脚提起,经左脚内侧,以脚跟内侧贴地,向右侧铲出,重心略移向右腿,右脚踏实,右腿屈膝半蹲,同时两手内旋,掌心转向外,向左、右分展于侧前方,臂略屈,腕同肩高,指尖斜向上,掌心向外,目视右手。

(3)上体右转,接着两臂继续向左、右分展外旋,掌心转向上,同时右脚脚尖内扣,合胯,接着身体左转,重心全部移至右腿并屈膝,右脚脚尖向右,左脚提起,收至右踝内侧约 20 厘米处,左脚脚尖略外展点地,左腿屈膝外展,同时两臂屈肘,左掌收至腹间,指尖向右,掌心向上,右掌经耳侧向体前推出呈立掌,指尖同鼻高,目视右掌。

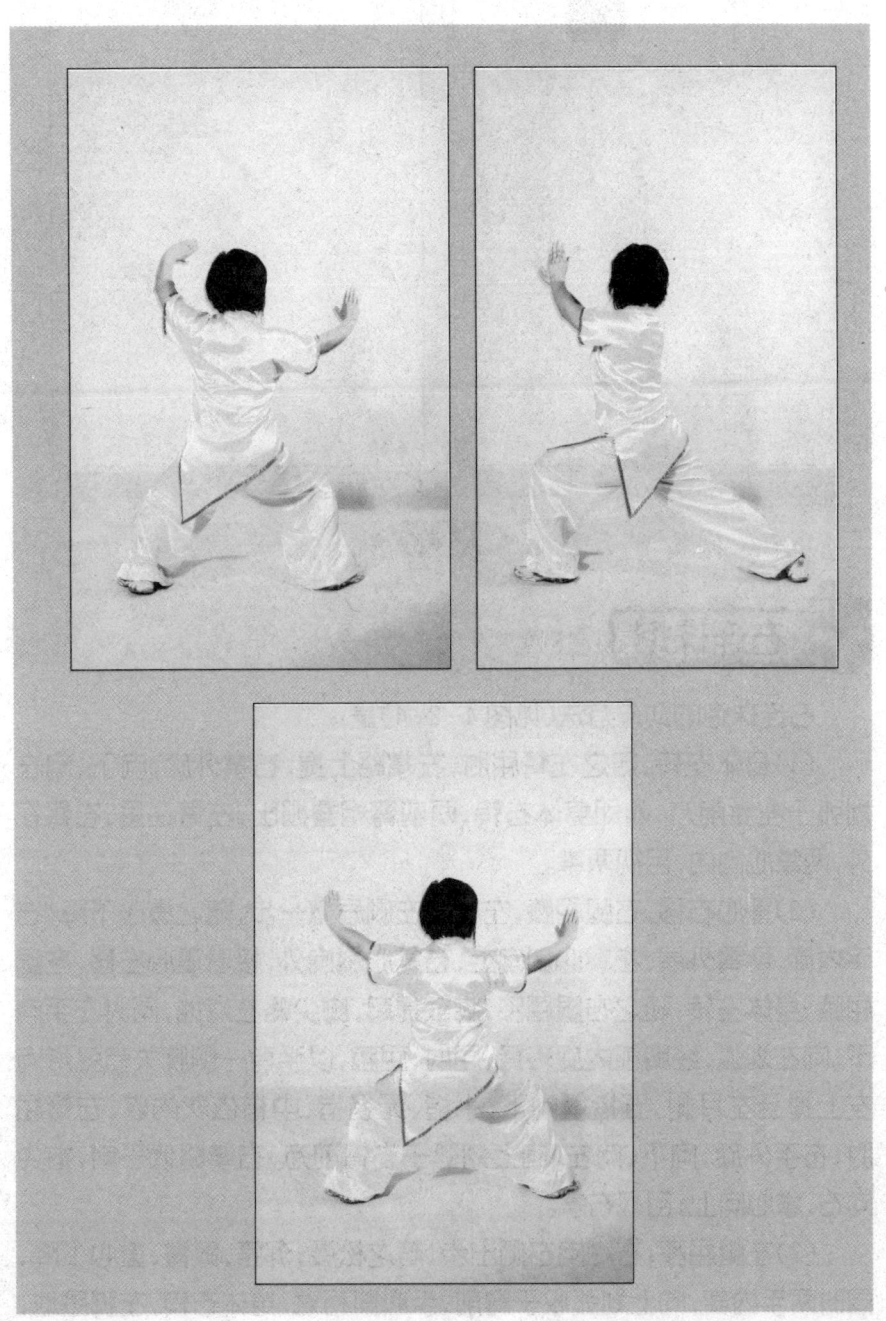

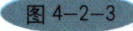

图 4-2-3

 **右连珠炮** ◆◆◆◆◆◆◆◆

右连珠炮的动作方法（见图 4-2-4）是：

（1）身体左转，随之左臂屈肘，左掌略上提，右掌外旋，向下、向左划弧于左腹前方，随即身体右转，两前臂相叠棚出，左臂在里，右臂在外，两掌心向内，目视两掌。

（2）重心右移，右腿屈膝，左脚向左侧后撤一步，随之重心下降，右手内旋，两臂外展，左掌心斜向上，右掌心斜向外，接着重心左移，左腿屈膝，身体左转，随之右腿屈膝，脚跟提起，脚尖略左点地，同时左手向下、向左划弧，经胸前内旋转臂，屈肘，屈腕，以手背一侧腕关节弧形向左上提至左耳侧，五指斜向下，小指、无名指、中指依次内收，右臂屈肘，右手外旋，向下、向左、向上划弧于右臂前方，右掌略低于肩，指尖向右，掌心向上，目视右掌。

（3）左腿屈膝，右脚向右侧出步，随之松腰，沉胯，敛臀，重心下降，同时两手内旋，向上划弧收于胸前，手心斜相对，身体右转，左脚蹬地，重心移向右腿，左脚略离地面，以脚跟铲地跟进半步，同时两手内旋合劲，迅速向体前推出，两臂略屈，左手同胸高，指尖向上，掌心向前，右手同肩高，指尖向左上方，掌心斜向前，目视右掌。

（4）重心移至右腿并屈蹲，左脚向左侧后撤一步，随之重心下降，左手外旋下沉，掌心斜向上，右手继续向体前伸展，掌心斜向外，重心移至左腿并屈膝，身体左转，随之右腿屈膝，脚跟提起，脚尖略左蹍点地，同时左手向下、向左上方划弧，经胸前内旋转腕，屈肘，屈腕于左耳侧，五指斜向下，小指、无名指、中指依次略内收，右臂屈肘，右手外旋，向下、向左、向上划弧，托于右肩右上方，右掌略低于肩，指尖向右，掌心向上，目视右掌。

（5）动作与（3）相同。

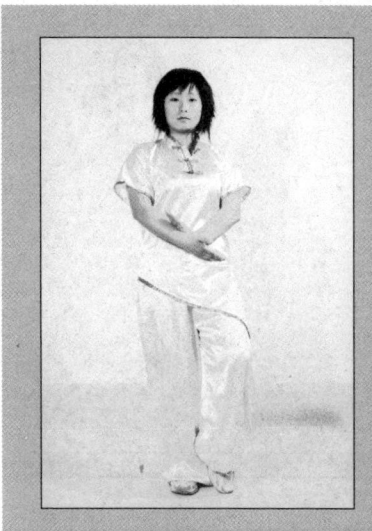

图 4-2-4

左连珠炮

左连珠炮的动作方法（见图 4-2-5)是：

（1)重心右移，左脚撤半步，身体左转，重心左移，左腿屈膝，右脚脚尖点地，同时左手外旋，向左下方划弧至左腹前方，指尖向右下方，掌心斜向上，右手外旋，向下、向左划弧至右胯旁，右臂略屈，指尖向右下方，掌心斜向后，目视右掌。

（2)重心全部移至左腿并屈膝，右脚提起，向右侧后撤一步，身体右后转，接着重心移至右腿并屈膝，随之左脚以前脚掌为轴碾转，脚尖点地，左腿屈膝并略外展，同时两臂继续向左、向上划弧，至左手与肩同高、右手与同胸高时，左手内旋展掌，掌心向下，右手外旋，掌心向上，随转体再向下、向右划弧，经胸前内旋转腕，屈肘、屈腕，以手背一侧腕关节弧形向右上提至右耳侧，五指斜向下，小指、无名指、中指依次略内收，左臂屈肘，左手外旋，向下、向左、向上划弧托于左肩前方，左掌略低于肩，指尖向

（3）同"右连珠炮"动作（3），但方向相反。

（4）同"右连珠炮"动作（4），但方向相反。

（5）同"右连珠炮"动作（3），但方向相反，左右对称。

图4-2-5

闪通背的动作方法（见图4-2-6）是：

（1）上体右转，随之右臂屈肘，左手外旋收于左肩前方，指尖向上，掌心向右前方，右手内旋，向胸前划平弧，指尖向前，掌心向下，同时右腿屈膝下蹲，左腿屈膝，左脚跟提起，身体左转，左脚进半步呈左弓步，同时两臂屈肘，左掌内旋，向右、向下划弧至胸前，右掌外旋，向右下方划弧，当其经右腰侧向体前划弧至胸前时，右掌经左前臂上穿至右肩前方，指尖向前上方，左掌向左下方划弧至左胯旁，掌心向下，目视右掌。

（2）上体左转，随之左掌继续

向左后方划弧，展臂外旋，掌心斜
向上，右掌内旋，掌心向外，接着左
脚脚尖内扣，上体略右转，左臂屈
肘，左掌外旋，向上、向右划弧至左
耳侧，右掌以腕关节为轴继续内
旋，指尖向左，掌心转向外，紧接着
左脚以前脚掌为轴，身体迅速向右
后转约180度，随之右脚以前脚掌
贴地向后扫，转半圈停于左脚左后
方，脚跟踏地落实，两脚相距约30
厘米，两腿屈膝，重心略偏于右腿，
同时左掌继续由左耳侧随转体向
左前下方推出，臂略屈，手腕同胸
高，指尖斜向上，掌心斜向右，右掌
随转体向前、向右、向下划弧至右
腹前方，右臂屈肘，屈腕，指尖向
左，掌心向下，目视左掌。

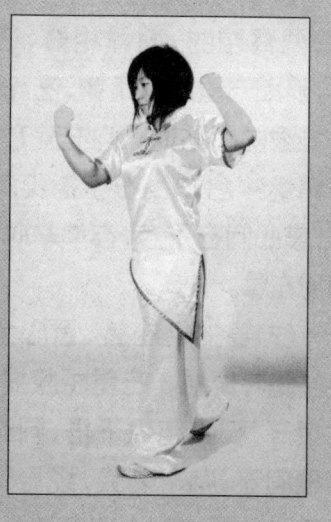

图4—2—6

第三节

第三段

第三段包括指挡捶、白猿献果等 10 个动作。

指挡捶

指挡捶的动作方法（见图 4-3-1）是：

（1）身体右转，随之左手外旋，略向上、向右划弧至左胸前方，指尖向上，掌心向外，右手随转体向下、向右划弧至右胯旁，指尖向左前方，掌心向下，接着身体左转，随之左手继续向右、向下、向左划弧至左腹前方，指尖向右，掌心向下，右手继续向右、向下划弧，经身体右前下方时外旋，向右、向上运行至右腰侧，指尖向右前方，掌心向上，两臂屈肘，前臂相叠，右臂在下，随即右腿屈膝下蹲，左脚提起，以脚跟内侧贴地，向左前方铲出，两臂继续合劲，左手指尖向右上方，掌心向右下方，右拳拳心向下，目视左掌。

（2）身体略右转，重心全部移至左腿并略屈，右腿屈膝提起，膝同腹高，脚尖自然下垂，同时左手继续向左、向下划弧，经身体左前下方时外旋，向上、向右划弧，举于头左前方，指尖斜向上，掌心向右，

右手继续向上、向左划弧，当其同肩高时，右掌变拳，屈腕向左，接着右脚下落踏地并屈膝，左腿屈膝，左脚脚跟抬起，脚尖点地，同时左手向右下方划弧，右手向左下方划弧，合于胸前，两臂屈肘，前臂相叠，右臂在下，随即右腿屈膝下蹲，左脚提起，以脚跟内侧贴地，向左前方铲出，两臂继续合劲，左手指尖向右上方，掌心向右下方，右掌掌心向下，目视前方。

（3）重心略移向左腿，左脚脚尖下落踏实，同时两臂向左、右分展，左手侧举，臂略屈，掌略高于肩，指尖向左上方，掌心向外，右拳右斜下举，拳同腰高，拳心向后，身体略左转，同时左掌外旋，向右下落至齐胸高，拇指、食指自然伸展，其余三指自然屈向掌心，掌指向左前方，掌心斜向上，右臂屈肘外旋，向上、向左划弧于右肩前方，拳心向后，随即身体左旋，略前倾，重心移向左脚，呈左弓步，右腿略屈，同时左手向右、向下划弧，经胸前略内旋，向左收于左腹前方，掌心轻贴腹部，右拳由肩前继续向左、向下划弧，经胸前内旋，从左手心向左前下方抖弹发出，臂略屈，拳心斜向下，目视右拳。

图 4-3-1

白猿献果 ◆◆◆◆◆◆

白猿献果的动作方法（见图 4-3-2）是：

（1）上体略左转，随之左手轻贴腹部，向下、向左划弧至左腹下方，指尖向前，右拳向左、向下划弧于左膝外侧，目视右拳。

（2）上体右转，重心移向右腿，同时左手屈腕上提，以拇指侧虎口轻贴腰部，向体前旋转至腹前，右拳继续向左侧划弧并内旋，右臂屈肘上提至齐肩,右拳继续内旋,向上、向右划弧,经额前向右、向下、向左划弧至腰侧,拳心向上,目视右拳。

（3）身体左旋,重心全部移至左腿并略屈,右腿屈膝提起,脚尖自然下垂,同时左手外旋,变拳向下、向左划弧收于左腰侧,拳心向上,右拳变掌经腰部向前、向上划弧于右肩前方,右臂屈肘,掌略高于肩,掌心向后上方,目视右掌。

图 4-3-2

双推手的动作方法（见图4-3-3）是：

（1）左腿屈膝，右腿向右前方迈步落脚，屈膝半蹲，重心偏于左腿，同时身体左转，左拳变掌，上托于左胸前方，左右两掌同时以腕关节为轴，向后旋转于肩上方，左掌心向右上方，右掌心向左上方，目视前方。

（2）身体右转，重心全部移至右腿并屈膝，左脚脚尖外展，落于右脚内侧约20厘米处，左腿屈膝外展，呈左虚步，同时两手由肩上方向前、向下经胸前立掌平推，腕同胸高，指尖向上，两掌心相对，目视两手之间。

图4-3-3

中盘的动作方法（见图4-3-4）是：

（1）身体右转，随之左掌内旋，手腕内扣，横掌前推于胸前，左臂略屈,左掌指尖向右,掌心向前下方,右手伸腕外旋,由左掌下方挫掌内收于胸前,右臂屈肘,指尖向左,手心向上,目视左掌。

（2）身体左转,随之左掌外旋,向下、向后运行,右手内旋,向上、向前运行,两掌心在胸前相对,上下翻转一次,目视右掌。

（3）动作与（2）相同,但左、右手翻转方向相反。

（4）身体左转,随之左掌、右掌同时翻掌,右掌心向下,左掌心向上,右掌向左、向上、向前划弧,经左前臂上方穿出,掌同肩高,指尖向左前方,左掌向左、向右、向下划弧于右肘下方约20厘米处,指尖向右,目视右手。

（5）身体右转,随之右掌继续向前、向右、向下、向后划弧,于身体右前方呈斜下举,左掌向后、向左运行,经胸前向前、向上划弧呈左前斜上举,同时左腿屈膝提起,接着左脚下落踏地并屈膝,右脚脚跟提起,同时两臂左上、右下在胸前相合,随即左腿屈蹲,右脚提起,以脚跟内侧贴地,向右侧铲出,同时两臂继续相合,左掌合于右上臂,指尖向右上方,掌心向外,右掌指尖向左前下方,掌心向后上方,

目视右掌。

（6）上体略左转，随之右脚脚尖内扣下落踏实，重心向右移动，并略偏于右腿，同时左掌向前、向左下方划弧，至左膝上方约20厘米处，右手向前、向右上方划弧，并屈腕上提于头右前方，略高于头，右手拇指自然伸展，食指、中指、无名指、小指依次自然向掌心屈拢，掌心向左下方，目视前方。

图4-3-4

前招的动作方法（见图 4-3-5）是：

（1）身体右转，随之重心右移，右腿屈膝，左脚向左前方进半步，脚尖点地，呈左虚步，同时右手展指，以腕为轴，逆时针方向缠绕一圈后置于额右前方。

（2）指尖向左，掌心向外，左手展腕落于左膝前上方，指尖向前下方，目视左手。

后招的动作方法（见图 4-3-6）是：

（1）左脚向左前方出步，重心左移，右脚向右前方上步，呈右虚步，身体左转，同时左手外旋，向右、向上内旋，向左划弧至额左前方，指尖向右，掌心向外。

（2）右手向右、向下划弧至右膝前上方，指尖向前下方，目视右手。

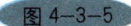
图 4-3-5

图 4-3-6

右野马分鬃

右野马分鬃的动作方法(见图4-3-7)是:

(1)上体右转,随之右手外旋,向左、向上划弧,经胸前内旋,向上、向右划弧至额右前方,指尖向左,掌心向外,左手外旋,向左、向下、向前划弧至左大腿外侧,指尖向下,掌心向前,目视左手。

(2)身体左转,右腿屈膝提起,脚尖自然下垂,同时左手外旋,继续向右、向上划弧,经胸前内旋,向上、向左、向下划弧至身体左侧,腕同肩高,指尖向前上方,掌心向外,右手外旋,向右、向下、向前、向左划弧至右膝前上方,目视右手。

(3)左膝屈膝下蹲,右脚以脚跟内侧贴地,向右前方铲出,重心移向右腿,右脚脚尖落地踏实,屈膝呈右偏马步,同时左手略外展,指尖向左前上方,掌心向外,右手向右前上方,目视右手。

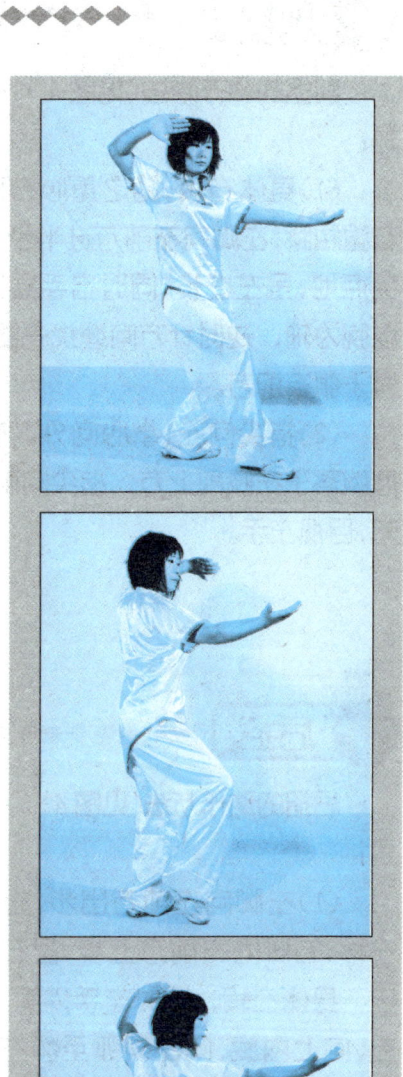

图4-3-7

左野马分鬃

左野马分鬃的动作方法（见图
4-3-8）是：

（1）身体右转，胸部向东南方，
右脚外碾，重心移至右腿并屈膝，
左腿屈膝提起，膝同腹高，脚自然
下垂，同时右手内旋，掌心向外，向
上、向右划弧至身体右侧，腕略高
于肩，指尖向右上方，掌心向外，左
手外旋，向下、向右、向上划弧至左
膝前上方，目视左手。

（2）右腿屈膝下蹲，左脚以脚
跟内侧贴地，向左前方铲出，重心
移向左腿，左脚脚尖落地踏实，屈
蹲呈左偏马步，同时右手略外展，
指尖向右前上方，掌心向外，左手
向左前上方穿出，指尖同鼻高，掌
心向左后方，目视左手。

图 4-3-8

摆莲跌叉

摆莲跌叉的动作方法（见图 4-3-9）是：

（1）身体重心略移向左腿，上体略左转，随之左手向左侧前伸，腕
同肩高，右手向前、向左划弧至右肩前方，右腕略高于肩，掌心向外，重
心略移向右腿，上体略右转，随之左臂屈肘，左手内旋，向左、向后划弧
收于左肩上方，指尖向后，掌心向上，右手内旋，向前、向左划弧，右臂

屈肘，右手继续向后、向右划弧至右肩上方，指尖向后，掌心向上，目视左前方。

（2）重心移向右腿，上体右转，随之右手略内旋，向右、向前划弧伸出，腕略高于肩，掌心向外，左手内旋，向右、向下划弧至右胸前方，掌心斜向下，接着身体左转，重心移向左腿，同时两手向下、向左划弧，左手置于左腰前方，指尖向右下方，掌心斜向下，右手置于胯右前方，指尖向右下方，掌心斜向下，目视右手。

（3）上体略左转，重心移向左腿，随之两手向左、向前、向上划弧至左胸前方，掌心向下，接着上体右转，重心移向右腿，两手向右侧平划弧至右胸前方，两手相距略宽于肩，手心向下，右脚收至左脚内侧，脚尖点地，两腿略屈，右膝略内合，两手继续向右侧划弧，右手下落至腰右侧，左手收至右胸前方，目视右手。

（4）重心全部移至左腿并略屈，右脚向左、向上、向右划弧，摆至胸前时，两手向左、向上依次击拍右脚面，目视右手。

（5）左腿屈膝，右脚落至左脚内侧，屈膝震脚，随之左脚迅速离地略提起，同时右掌变拳，向体前平举，拳眼向上，左手外旋，向右、向下划弧收于右胸前方，拳眼向上，接着右腿屈膝下蹲，左脚脚尖翘起，以脚跟贴地，向左前方铲出，右膝里扣，松胯合裆，上身下沉，臀部、右膝内侧和左腿后侧贴地，同时右臂略屈，右拳经面前向上、向右弧形举至右肩前上方，拳心向外，左拳向下随左脚铲出前伸，拳心向上，目视左拳。

图 4—3—9

左右金鸡独立

左右金鸡独立的动作方法（见图 4—3—10）是：

（1）右脚蹬地，重心移向左腿，呈左弓步，同时右拳下落至与肩平，左拳内旋，随弓步向前上方伸举，拳略低于肩，接着上体左转，随之重心全部移至左腿，右腿屈膝，向前上方提起，同时左臂屈肘，左拳变掌，横于胸前，掌心向下，右拳变掌，经胯侧外旋，向前、向上从左前臂内侧穿出，掌心向右后方，而后经面前内旋上穿，呈右上举，掌心向右，左手下落于左胯旁，掌心斜向下，目视前方。

（2）左腿屈膝下蹲，右脚下落

至左脚内侧轻轻踏地,两脚相距约20厘米,同时右掌随右脚下踏按于右胯前方,左掌略抬起,与右掌同时按于左胯前方,两掌指尖均向前,掌心均向下,目视右手。

（3）上体略右转,重心略移向右腿,同时两掌随转体向下、向右划弧,接着上体左转,重心移至左腿,并继续下蹲,右脚提起,脚尖上翘,以脚跟内侧贴地,向右侧铲出,同时两臂略屈,左掌内旋,右掌外旋,两掌同时向前、向左、向上划弧,左掌伸于身体左前方,腕同肩高,指尖向右前方,掌心向左前方,右掌伸于胸前,指尖向右前方,掌心向左前方,目视右掌。

（4）重心移向右腿并屈膝,上体略右转,左脚收于右脚内侧,脚尖点地,右膝略屈,略外展,左掌向下、向后、向右划弧收至左胯旁,指尖向前,掌心向上,右掌向下、向左划弧按于左胸前方呈横掌,指尖向左,掌心向下,目视右手。

（5）身体略右转,随之左手外旋,向上从右前臂内侧穿出,掌心向左后方,接着重心全部移至右腿并略屈,左腿屈膝提起,膝同腹高,脚尖自然下垂,左手经面前内旋,继续上穿,呈左上举,掌心向左,右手落于右胯旁,掌心斜向下,目视前方。

套路练习

图 4-3-10

第四节

第四段

第四段包括倒卷肱、退步压肘等 19 个动作。

倒卷肱

倒卷肱的动作方法（见图 4-4-1）是：

（1）右腿屈膝下蹲，左脚下落于右小腿内侧，当左手下落至额前方时，右手向前上方伸至左肘内侧，接着左脚向左后方落步，当左手继续下落于胸前时，右手经左前臂向前穿出，而后身体左转，两腿屈蹲呈右偏马步，左手随转体继续向下、向左、向上划弧至左前方，腕略低于肩，指尖向左前方，掌心向外，右手继续向右前伸展，腕略低于肩，指尖向右前方，掌心向外，目视左手。

（2）身体略左转，重心略移向左腿，同时两手外旋，掌心上翻，随之重心移至左腿并屈膝，右脚脚掌轻贴于地面，经左脚内侧向右后方弧形擦地退步，身体右后转，两腿屈膝下蹲，呈左偏马步，随转体左臂屈肘，左手经左耳侧和右臂上方向左前方展臂推出，腕略低于肩，指尖向左，掌心向外，右手随转体向下、向右划弧至右前方，腕略低于肩，指尖向右前方，掌心向外，目视右手。

（3）身体略右转，重心略移向右腿，同时两手外旋，掌心翻向上，随之重心移至右腿并屈膝，左脚脚掌轻贴地面，经右脚内侧向左后方弧形擦地退步，身体左转，两腿屈膝下蹲，呈右偏马步，随转体右臂屈肘，右手经右耳侧和左臂上方向右前方展臂推出，腕略高于肩，指尖向左前方，掌心向外，左手随转体向下、向左划弧落于腹前，指尖向右，掌心向下。

图 4-4-1

 退步压肘 ◆◆◆◆◆◆◆◆◆◆◆

退步压肘的动作方法(见图 4-4-2)是:

(1)身体左转,接着重心移向左腿,同时左手内旋,向左、向上、向前划弧至左胸前方,指尖向右,掌心向外,右手外旋,向下、向左划弧于右前方,腕略低于肩,指尖向右前方,掌心向上,目视左手。

(2)上体右转,重心略移向右腿,随之左手展臂外旋至左前方,手同胸高,指尖向左,掌心向外,右手内旋摆至右肩前方,指尖向左前方,掌心斜向下,接着上体继续右转,随之两臂同时向右侧平摆,左手摆至左前方,略低于胸,指尖向左,掌心向右,右手摆至右前方,与肩同高,指尖向左,掌心向右,目视左手。

(3)上体左转,重心移向左腿,随之右脚前脚掌贴地划弧,收于左脚右前方,右腿略屈,同时左手继续向右侧平摆,屈腕内旋,上提于右胸前方,手指自然松垂,肘尖向左前方,右手外旋,向左侧平摆于左肘下方约 10 厘米处,掌心向上,接着右脚经左脚内侧向右后方擦地退一步,脚跟踏地,重心偏于右腿,同时左手经右臂上方横掌迅速向左前方击出,掌同胸高,指尖向右前方,掌心向下,右臂屈肘,右掌迅速收于右腹前方,指尖向左前方,掌心向上,目视左手。

图 4-4-2

擦脚的动作方法（见图 4-4-3）是：

（1）身体右转，重心移向右腿，随之左手向下、向右划弧至左胯前方，指尖向左，掌心向下，右手收于腰间，指尖向左，掌心向上，目视右手。

（2）重心移于左腿并屈膝，右脚脚跟提起，同时左手继续向下、向右、向上划弧至腹前，左臂屈肘、翘腕，左手指尖向左下方，右手继续向上划弧，外旋举于肩右上方，腕略高于肩，指尖向右后方，掌心斜向前，目随视右手，接着重心全部移至左腿，右脚向左脚前方上步，外摆落地，两腿屈膝，左脚脚跟提起，右腿在左腿上方，重心偏于左腿，同时左臂屈肘，左手内旋，伸腕横摆至胸前，指尖向右，掌心向下，右手向前、向左、向下划弧，右臂屈肘，与左前臂相叠于胸前，右前臂在上，右手指尖向左，掌心向下，目视左方。

（3）左腿由屈到伸，左腿向左前上方踢摆，脚面展平，同时两手经上方向左、右划弧分掌，右手举于右上方，掌心向外，左掌击拍左脚面，目视左手。

图 4-4-3

蹬一根的动作方法（见图 4-4-4）是：

（1）身体略右转，左腿屈膝向右下落，左脚略向内扣，两手向内举于肩前，接着右脚以脚掌碾地右转，身体继续向右后方转体 180 度，左脚内扣落于右脚内侧，两脚相距约 10 厘米，腿略屈，右脚脚跟提起，脚尖点地，同时两掌变拳，向下、向内划弧交叉于腹前，左拳在外，拳眼向前，目视右前方。

（2）左腿略屈，两拳在体前向前、向左右各绕一平圆，仍于腹前交叉，右拳在外，拳眼均向前，接着重心全部移至左腿，右腿由屈到伸，脚尖内扣，以脚掌外侧为着力点，向右上方踹出，脚与腰同高，同时两臂分别向左、右上方展臂，撩拳至与肩平，拳心斜向下，目视右拳。

图 4—4—4

海底翻花

海底翻花的动作方法(见图 4—4—5)是：

（1）左腿屈蹲，右腿屈膝下落，同时右臂内旋，向下、向左划弧至右膝内侧，左拳向上、向右、向下划弧至右胸前方，拳眼向右后方，拳心向下，目视右下方。

（2）上体右转，左腿伸直，右腿提膝，同时左拳向右、向下经腹前外旋，向左、向上屈肘举于头左前上方，拳心向右，右拳向左、向上划弧，在胸前经左前臂内侧再向上、向右划弧，经面前外旋，翻腕下压于右膝外侧约 10 厘米处，右臂屈肘，拳心向上，目视右拳。

图 4-4-5

 击地捶

击地捶的动作方法(见图 4-4-6)是：

(1)左腿屈膝,右脚向体前落步并屈膝,重心移向右腿,上体略右转,同时左拳向左前方下落,拳同肩高,拳心向内,右拳后摆,拳心向左上方,目视左拳。

(2)重心移至右腿,右脚蹬地,左脚随即向体前上一步并踏实,右脚在左脚将落之时,迅速向左腿内侧收提,上体左转,同时左拳向下、向左后方划弧,上举至左肩前上方,右拳向上、向前划弧,屈臂举至右肩前方,目视右拳。

(3)上体略左转再右转,右脚以脚跟内侧贴地,向右前方铲出,随即拳脚落实,呈右弓步,左手顺时针、右手逆时针各划一圆,随上体右转,两臂内旋,右拳提至头右侧,拳心向下,左拳向左前方下捶,同小腹高,目视左拳。

图 4-4-6

翻身二起

翻身二起的动作方法（见图 4-4-7）是：

（1）右脚脚掌内扣，身体向左后方翻转，右腿伸起略屈，左脚脚尖点地，同时左拳向上、向前、向下划弧落于左胯前方，拳心斜向上，右拳向下、向上划弧上举，略高于头，拳心向左，目视前方。

（2）左脚脚跟落实，重心移向左腿并屈膝，上体略左转，随之右拳外旋，向体前下落，左拳向下、向后划弧至胯旁，拳心向上，接着右脚向体前上步，屈腿，重心移向右腿，上体略前倾，同时右拳向下、向右后方划弧斜下举，左拳向后、向上、向前划弧至左肩前方，随即左腿屈膝上摆，右脚踏地，身体腾起，右腿在空中由屈到伸向前上方踢摆，脚至胸高时，右拳变掌，向前下方击拍右脚面，左拳变掌，向下、向左划弧上举，掌同肩高，掌心向下，目视右手。

图4-4-7

双震脚

双震脚的动作方法（见图4-4-8）是：

（1）左脚落地，右腿屈膝下落，在右脚即将落地时，左脚蹬地向后跳起，右脚、左脚依次向后落步，两腿屈膝，重心偏向右腿，同时两手左、右分展于体侧前方，两腕同肩高，两掌内旋，掌心向外，目视前方。

（2）身体重心移向左腿并屈膝，右脚略后撤，脚尖点地，呈右虚步，同时上体略左转，两掌由两侧下落，外旋向内相合，掌心向上托于胸前，右手在前，左手在右肘内侧，接着右脚脚跟落地踏实，两腿屈蹲，同时两掌内旋下按，略低于胸，目视右手。

（3）右腿屈膝上摆，左脚蹬地跳起，两掌同时外旋上托，右腕略高于肩，左手在右肘内侧，左脚、右脚依次下落踏地，同时两手内旋，下按于胸前，右手在前，左手在右肘内侧，掌心均向下，目视右手。

图 4-4-8

 蹬脚 ◆◆◆◆◆◆◆◆◆

蹬脚的动作方法(见图 4-4-9)是:

(1)重心全部移至左脚,右腿屈膝,右脚提起,两手收于腹前。

(2)接着右腿由屈到伸,右脚以脚跟为力点,向右前方快速蹬出,脚高于腰,然后借反弹力略屈膝,右手立掌向右前方推出,臂略屈,腕与肩同高,左手架于头左上方,手心斜向上,臂略屈,目视右手。

图 4-4-9

玉女穿梭

玉女穿梭的动作方法(见图 4-4-10)是：

(1)右脚向右前方落步，脚尖略外摆，腿略屈，右臂向体前平伸，手心向下，左臂屈肘，左手落于肩前上方，手心向外，接着左脚前摆，右脚踏地，使身体腾起，同时身体在空中右转，左手迅速立掌向左侧推出，右手收架于头右上方，手心斜向上，目视左手。

(2)左脚落地，右脚向左后方插步落地，前脚掌着地，两腿屈膝，重心偏于左腿，两臂姿势基本不变，目视左手前方。

图 4-4-10

顺弯肘

顺弯肘的动作方法(见图 4-4-11)是:

(1)以左脚脚跟为轴,左脚脚尖里扣,右脚掌向右碾转,身体向右后方转体 180 度, 两脚踏实,随之两手慢慢下落, 重心移至右腿,接着重心移至左腿并屈膝,右腿屈膝,脚跟提起,脚尖着地,右臂渐伸,右手向右慢慢下落,左腿屈蹲,右脚提起,以脚跟内侧贴地,向右侧铲出,同时上体略左转,两臂向下、向内合臂交叉于左胸前方,左臂屈肘,前臂横于右臂上方,左手立掌于肩前,手心向右下方,右手向左侧下伸至左膝上方,手心向左,目视右手。

(2)两腿屈蹲沉胯,重心移向右腿,两臂屈肘相叠,合劲交叉于体前,两手变拳,拳心向下,接着上体迅速略右转,两臂尽量屈肘,以肘尖为力点向两侧后下方发劲顶击,同时沉胯呈马步,目视右方。

图 4—4—11

裹鞭炮的动作方法（见图 4—4—12）是：

（1）重心全部移至左腿并伸起，右腿屈膝提起，上体略左转，随之伸右臂，右拳向右、向下、向左内旋，划弧至左胯前方，拳心向右，左臂略屈，左拳落于左腰侧，左脚蹬地跳起，向右后方转身，而后右脚落地，左脚提起，随跳转身，右臂向上绕环一周至身体右前方斜下举，左臂向左、向上、向前划弧，下劈至左前方斜上举，目视左拳方向。

（2）左脚向左前方落步，两腿屈蹲，两臂上下弧形绕至腹前交叉，右臂在外，接着重心略移向左腿，呈偏马步，两臂屈肘，短促迅速发力，两拳以拳背为力点向上、向左右分击，拳与肩同高，目视左拳方向。

图 4-4-12

 **雀地龙** ◆◆◆◆◆◆◆◆◆

雀地龙的动作方法(见图 4-4-13)是:

(1)重心移向右腿,身体右转,随之左拳向下、向右、向前划弧至腹前,拳眼向上,右臂屈肘,前臂立于右胸前方,拳心斜向上,两臂向内合劲。

(2)身体左转,重心左移,左腿屈蹲呈右仆步,随转身两臂屈肘在胸前相合,而后右拳从左臂内侧经腹前,沿右大腿内侧向前穿出,拳心斜向上,左拳向上、向左划弧,举至左肩前上方,拳心斜向上,目视右拳。

图 4-4-13

上步七星的动作方法（见图 4-4-14）是：

（1）右脚脚尖外摆，左腿蹬地起身，上体略右转，重心移向右腿呈右弓步，同时右拳向右侧弧形上穿，拳同肩高，拳心向内，左拳下落呈斜下举，拳眼向上，目视右拳。

（2）上体右转，重心移向右腿并屈膝，左脚向体前上步，脚尖点地，膝略屈，同时右拳略外旋，略向内收，左拳外旋向下、向前划弧至右腕外侧，两腕在胸前相搭，拳心均向内，目视两拳方向。

（3）两拳以腕相贴的交叉点为轴，同时内旋，向内、向下、向前绕一小圆后变掌外撑，掌心向外，左掌在里，目视两掌。

（4）两掌变拳，在胸前仍以两腕相贴的交叉点为轴，腕外旋，向下、向内翻转，左拳在里，右拳在外，拳心均向内，目视前方。

图 4—4—14

退步跨虎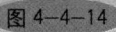

退步跨虎的动作方法（见图 4—4—15）是：

（1）左脚后撤一步，两拳变掌，而后身体左转，两腿下蹲，同时随身体左转，两手向左、右分至两膝前上方，手心斜向上，目视左手。

（2）重心移向左腿，右脚收至左脚内侧，脚尖点地，两腿略屈，同时左掌继续向左、向上、向右划弧外旋，屈肘立掌举于左胸前方，左腕与肩同高，掌心向右，右掌继续向右、向上、向左划弧外旋，收至左肘内侧下方，掌心向左，指尖向上，目视左掌。

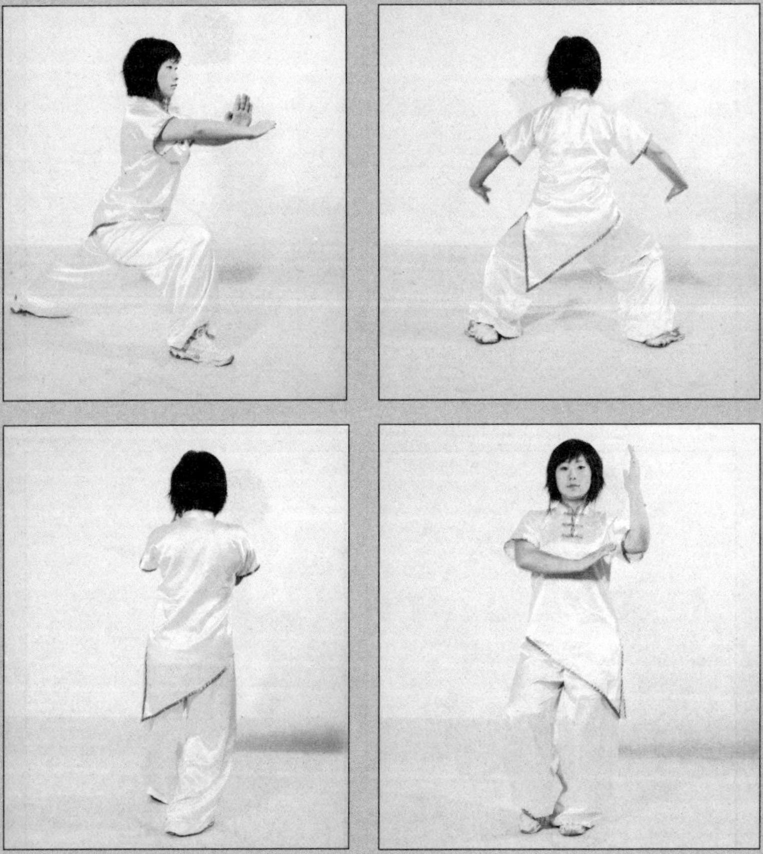

图 4-4-15

转身摆莲

转身摆莲的动作方法（见图 4-4-16）是：

（1）右脚脚跟外展，全脚踏实，重心移向右腿，上体略右转，左手向右外旋凸腕，接着左脚脚尖外摆，左掌内旋，向下、向左划弧于胸前，右掌内旋，向下、向左划弧于腹前，目视左手。

（2）重心左移，左腿略屈，身体左转，随之右腿向左、向上屈膝摆起，同时左手向上、向左划弧于左肩前上方，手心向外，右手向右、向下划弧于右胯旁，指尖向左前方，掌心向下。

（3）身体继续左转，右脚脚尖内扣，向右前方落地，重心移至右腿并略屈，左腿略屈，左脚脚跟提起，脚尖点地，同时两掌随身体左转向左侧划弧，左掌置于左前方，掌心向下，右掌置于左胸前方，掌心向下，指尖向左，目视左前方。

（4）重心全部移至右腿，左腿由屈到伸向右、向上、向左弧形摆起，摆至胸高时，右手、左手依次向右击拍左脚面，目视左手。

图 4-4-16

当头炮的动作方法（见图4-4-17）是：

（1）左脚向左侧落地，上体略右转，同时两手向右前方推出，掌同胸高，两掌心均向外，指尖向左前方，目视左掌。

（2）重心移至左腿，身体略左移，同时两手向下、向左划弧握拳，左拳收于腰间，拳心向内，右拳收于腹前，拳心向上，目视右前方。

（3）重心移向右腿，两腿屈蹲，上体略右转，右臂屈肘横于胸前，并与左拳一起向右前方棚击，右拳与左胸同高，拳心向内，左拳在右前臂下方，左臂略屈，拳眼向上，目视右前方。

图4-4-17

左金刚捣碓

左金刚捣碓的动作方法（见图 4-4-18）是：

（1）身体重心略向右腿移动，两拳变掌，右手外旋，左手内旋，两掌心均向外，向右前方伸展至与肩同高，指尖向右，目视右前方。

（2）重心移向左腿，上体左转，两掌向前、向左划平弧，右手同胸高，左手同肩高，接着重心移至右腿，身体右转，左脚向体前上一步，脚尖点地呈左虚步，同时左手划弧外旋，前撩至左腹前方，掌心斜向上，指尖斜向下，右手向下、向前、向上划弧，外旋回收，掌心向下合于左前臂上方，目视前下方。

图 4-4-18

收势的动作方法（见图 4-4-19）是：

（1）重心移至两腿之间，两腿缓缓伸起，同时两拳变掌，两掌向上托于胸前，掌心均向上，目视前方。

（2）两腿直立，两臂内旋，掌心向下，两臂慢慢下落于身体两侧，然后左脚向右脚并拢，目视前方。

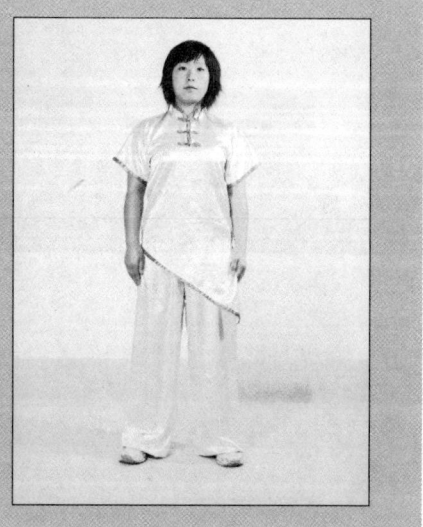

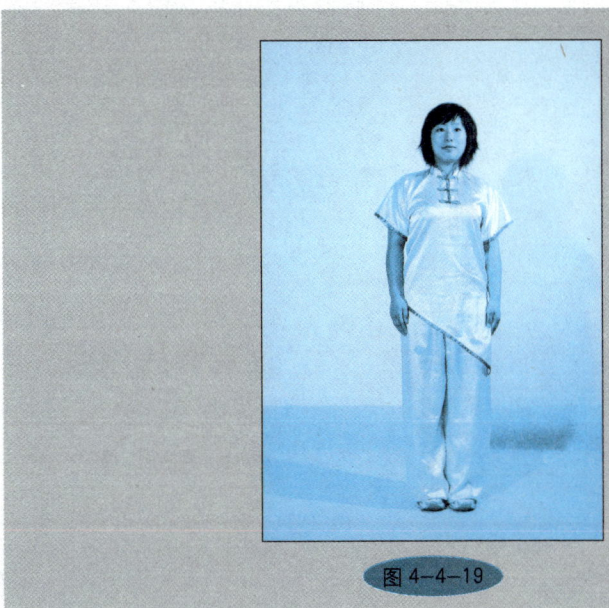

图 4-4-19

第五章 基本规则

　　制定各项运动的比赛规则,有助于全民健身运动的深入开展。比赛参与者应该了解运动规则的基本知识,以使自己在比赛过程中游刃有余地发挥技术水平。比赛观赏者也只有在了解比赛规则的前提下,才能够充分体验观赏比赛的乐趣。

第一节

比赛方法

比赛方法是指在陈式太极比赛中，选手按照一定的组织形式和顺序进行套路表演，并评出成绩的方法。

比赛性质 ◆◇◆◇◆◇◆

比赛类型

陈式太极比赛包括个人项目和集体项目。

年龄组别

(1)成年组：18 周岁以上(含 18 周岁)。

(2)少年组：12～17 周岁。

(3)儿童组：不满 12 周岁。

套路时间

(1)太极拳自选套路为 3～4 分钟。

(2)太极拳规定套路为 5～6 分钟。

比赛流程 ◆◇◆◇◆◇◆

比赛流程包括进场、起势、收势和退场等。

(1)选手听到点名或看到电子显示姓名后，应立即进场，待裁判长示意后，即可走向起势位置。

(2)选手身体任何部位开始动作即为起势(计时开始)，集体项目在行进间开始动作者，须事先向裁判申明。

(3)选手完成整套动作后，须并步收势(计时结束)，再转向裁判长行注目礼，然后退场。

(4)选手应在同侧场地内完成相同方向(左右不得超过 90 度)的起势与收势，集体项目必须在场内完成起势与收势，方向、位置不限。

(5)选手听到上场比赛的点名和赛后示分时,应向裁判长行抱拳礼。

第二节
裁判方法

在比赛过程中,裁判人员通过履行其职责,进行正确的裁判工作,以确保比赛的公平、公正。

裁判人员

总裁判组

设总裁判长1人,副总裁判长1~2人。

各裁判组工作

裁判组设裁判长1人、副裁判长2人;A组评分裁判员2~3人;B组评分裁判员2~3人;C组评分裁判员2~3人。

编排记录组

设编排记录长1人,记录员3~5人。

检录组

设检录长1人,检录员3~6人。

裁判人员应具备的基本条件

(1)品行端正,作风正派,具有良好的敬业精神和职业道德。

(2)熟悉武术竞赛规则,并熟练地掌握裁判方法。

(3)掌握一定的武术技术与专业基础理论。

(4)遵守大会纪律,执行裁判工作管理条例,能严肃、认真、公正、准确地做好裁判工作。

(5)身体健康,精力充沛。

（1）评分组由评判动作质量（A 组）的裁判员 3～4 名（含第一副裁判长）、评判演练水平（B 组）的裁判员 4 名（含裁判长）和评判难度（C 组）的裁判员 3～4 名（含第二副裁判长）组成。

（2）各项比赛的满分为 10 分，其中动作质量的分值为 5 分，演练水平的分值为 3 分，难度的分值为 2 分。

（3）A 组裁判员根据选手现场完成动作的质量，用动作质量的分值减去各种动作规格错误和其他错误的扣分，即为选手的动作质量分。

（4）B 组裁判员按照套路动作劲力、节奏及音乐的要求，整体评判后确定的等级平均分数减去对套路编排错误的扣分，即为选手的演练水平分。

（5）C 组裁判员根据选手现场整套难度完成的情况，按照各项目动作难度和连接难度的确认标准，确定选手现场完成动作难度、连接难度的累计分，即为选手的难度分。

选手现场完成套路动作的规格与要求不符，每出现一次扣 0.1 分；其他错误每出现一次扣 0.1～0.3 分。

劲力、节奏、音乐的评分标准

（1）凡劲力充足，用力顺达，力点准确，节奏分明，动作与音乐和谐一致者为"很好"，得 2.51～3.00 分。

（2）凡劲力较充足，用力较顺达，力点较准确，节奏较分明，动作与音乐较和谐一致者为"一般"，得 1.91～2.50 分。

(3)凡劲力不充足,用力不顺达,力点不准确,节奏不分明,动作与音乐不和谐一致者为"较差",得 1.01~1.90 分。

 编排的评分标准

选手现场完成套路时,必选的主要动作每缺少一个扣 0.2 分;套路的结构、布局与要求不符,每出现一次扣 0.1 分。

▼ 难度评分标准

动作难度(1.4 分)

根据各项目"动作难度等级内容及分值确定表",评分如下:

(1)每完成一个 A 级动作可获得 0.2 分。

(2)每完成一个 B 级动作可获得 0.3 分。

(3)每完成一个 C 级动作可获得 0.4 分。

(4)每个动作难度分只能计算一次,动作难度分的累计中,如超过了 1.4 分,则按 1.4 分计算。

(5)选手现场所做的动作难度不符合规定要求,则不计算动作难度分。

连接难度(0.6 分)

根据各项目"连接难度等级内容及分值确定表",评分如下:

(1)每完成一个 A 级连接可获得 0.05 分。

(2)每完成一个 B 级连接可获得 0.1 分。

(3)每完成一个 C 级连接可获得 0.15 分。

(4)每完成一个 D 级连接可获得 0.2 分。

(5)每个连接难度分只能计算一次,连接难度分的累计中,如超出了 0.6 分,则按 0.6 分计算。

(6)选手现场完成的连接难度不符合规定要求,则不计算连接难度分。

创新难度加分

现场成功完成被确认的创新难度,则由裁判长按加分标准给予加分。其标准为:

(1)完成一个创新的 B 级动作难度(含连接难度)加 0.2 分。

(2)完成一个创新的 C 级动作难度（含连接难度）加 0.3 分。

(3)完成一个创新的超 C 级动作难度加 0.4 分。

(4)由于失败或与鉴定确认动作难度不符，不予加分。

应得分数的确定

动作质量应得分的确定

(1)A 组 2 名裁判员、1 名副裁判长评分时，2 名以上裁判员对选手同一个动作错误和其他错误扣分的累计之和，即为动作质量的应扣分，用动作质量的分值减去应扣分，即为选手动作质量的应得分。

(2)A 组 3 名裁判员、1 名副裁判长评分时，2 名裁判员（或 1 名裁判员和 1 名副裁判长）对选手同一个动作错误和其他错误扣分的累计之和，即为动作质量的应扣分，用动作质量的分值减去应扣分，即为选手的动作质量应得分。

演练水平应得分的确定

B 组中 4 名裁判员（含裁判长）对套路劲力、节奏、音乐给出的等级分数的平均值，减去 2 名以上裁判员对同一套路编排错误扣分的累计之和，即为选手的演练水平应得分，应得分可取到小数点后 2 位数，第 3 位数不做四舍五入。

难度应得分的确定

(1)C 组 2 名裁判员、1 名副裁判长评分时，2 名以上裁判员对选手同一个动作难度和连接难度确认分数的累计之和，即为难度应得分。

(2)C 组 3 名裁判员、1 名副裁判长评分时，3 名以上裁判员（或 2 名裁判员和 1 名裁判长）对选手同一个动作难度和连接难度确认分数的累计之和，即为难度应得分。

选手最后得分的确定

动作质量应得分、演练水平应得分和难度应得分之和即为选手的应得分数。判长从选手的应得分中减去"裁判长的扣分"，加上创新难度的加分，即为选手的最后得分。